쾌락원리 너머

부클래식
039

쾌락원리 너머

지그문트 프로이트

김인순 옮김

부북스

차 례

쾌락원리 너머···7

옮긴이의 말···106

I

정신분석학 이론에서 우리는 정신과정의 흐름이 쾌락원리(Lustprinzip)에 의해 자동적으로 조정된다고 서슴없이 가정한다. 다시 말해, 우리는 정신과정의 흐름이 번번이 불쾌한 긴장에 의해 자극받아서 결국 이 긴장을 완화시키는 방향으로, 즉 불쾌를 피하거나 쾌락을 유발하는 방향으로 접어든다고 믿는다. 우리의 연구주제인 정신과정을 이러한 흐름을 고려해 고찰하면, 우리의 작업에 '경제적' 관점을 도입하는 것이다. 지형학적 요인과 역동적 요인에 덧붙여 경제적 요인까지 평가하려고 하는 서술은, 현재 우리가 생각할 수 있는 가장 완벽한 서술

이며 **초심리학적**(超心理學的) 서술이라는 명칭으로 강조되어야 마땅할 것이다.[1]

우리가 쾌락원리를 주장함으로써 역사적으로 확립된 어느 특정한 철학 체계에 얼마만큼 접근했거나 또는 동조했는지 연구하는 것은 여기에서 우리의 관심사가 아니다. 우리는 우리의 분야에서 매일 관찰하는 사실들에 대해 기술하고 해명하려고 노력하는 과정에서 이런 사변적인 가정에 이르렀다. 우선권과 독창성은 정신분석학 연구가 표방하는 목표에 속하지 않으며, 쾌락원리의 토대를 이루는 인상들은 너무 명백해서 도저히 그냥 묵과할 수 없다. 그 대신에, 우리에게 이토록 피할 수 없는 쾌감과 불쾌감의 의미가 무엇인지 말해줄 수 있는 철학적이거나 심리학적 이론이 있다면 우리는 기꺼이 사의를 표할 것이다. 유감스럽게도 여기에서 우리에게 도움이 될 만한 것은 전혀 제공되지 않고 있다. 이것은 정신생활의 가장 모호하고 가장 접근하기 어려운 영역이다. 우리가 이 영역에 대해 불가피하게 다루지 않을 수 없다면, 나는 가장 유연한 가설이 가장 바

---

1) 프로이트는 의식세계만을 다룬 종래의 심리학과는 달리 전의식(前意識)과 무의식(無意識)까지 다루는 자신의 심리학을 초심리학(Metapsychologie)이라고 불렀다. 초심리학에서는 정신과정을 역동적, 지형학적, 경제적이라는 세 관점에서 고찰한다.(—옮긴이)

람직한 가설일 것이라고 믿는다. 우리는 쾌락과 불쾌를 정신 생활 안에 존재하는—그리고 어떤 식으로도 묶이지 않은—흥분의 양과 연관시키기로 결정했다. 여기에서 불쾌는 흥분 양의 증가에 상응하고, 쾌락은 감소에 상응한다. 우리는 이런 감정들의 강도와 이런 감정들이 관련되는 변화 사이에 단순한 관계가 있다고는 생각하지 않는다. 정신생리학의 모든 경험에 비추어, 직접적인 비례관계가 있다고는 더더욱 생각하지 않는다. 일정 시간 안에 감소하거나 증가하는 흥분의 양이 감정을 결정짓는 요소일 가능성이 다분하다. 여기서 아마 실험을 시도해볼 수도 있을 테지만, 확실한 관찰을 수행할 수 없는 경우에 이런 문제에 깊이 파고드는 것은 우리 정신분석가들에게 바람직하지 않다.

그러나 페히너(G. Th. Fechner)[2]처럼 안목이 깊은 학자가 쾌락과 불쾌에 대한 견해를 주창하게 되면, 우리로서는 도저히 부관심할 수 없다. 페히너의 견해는 정신분석연구에서 우리에게 떠오른 견해와 근본적으로 일치한다. 그의 주장은 《유기체의 창조사와 발달사에 대한 몇 가지 생각들(Einige Ideen zur

---

2) 구스타프 테오도르 페히너(1801-1887): 독일의 물리학자, 자연철학자.(—옮긴이)

Schöpfungs—und Entwicklungsgeschichte der Organismen)》 (1873, 제 XI장, 부록 , 94쪽)이라는 짧은 저서에 실려 있으며, 이런 내용을 담고 있다. "의식적인 충동이 항상 쾌락이나 불쾌와 관련되어 있다는 점에서, 또한 쾌락이나 불쾌를 안정 상황 및 불안정 상황에 정신물리학적으로 관련지어 생각해볼 수 있다. 내가 다른 곳에서 더 상세하게 개진하는 다음과 같은 가설은 여기에 토대를 두고 있다. 즉, 의식의 한계를 뛰어넘는 모든 정신물리학적 움직임은 일정한 경계를 넘어 완전한 안정에 접근하는 것에 비례해 쾌락을 수반하고, 일정한 경계를 넘어 완전한 안정에서 벗어나는 것에 비례해 불쾌를 수반한다. 그러나 쾌락과 불쾌의 질적인 한계라고 표시할 수 있는 두 경계 사이에 미적[3] 무관심의 영역이 존재한다……"

우리로 하여금 쾌락원리가 정신생활을 지배한다고 믿게 하는 사실들은, 정신기관이 자신 안에 존재하는 흥분의 양을 가능한 한 낮게 아니면 적어도 일정하게 유지하려고 노력한다는 가설에서도 표현된다. 이 말은 같은 내용을 오로지 다르게 표현했을 뿐이다. 정신기관의 작업이 흥분의 양을 낮게 유지하

---

[3] 여기서 '미적(ästhetisch)'이란 낱말은 '감각이나 지각에 관련된'이라는 옛 의미로 쓰였다.(—옮긴이)

는 방향으로 진행된다면, 흥분의 양을 증가시키기에 적합한 모든 것은 틀림없이 정신기관의 기능에 역행하는 것으로, 즉 불쾌한 것으로 느껴질 것이기 때문이다. 쾌락원리는 항상성원리(Konstanzprinzip)에서 유래한다. 실제로 항상성원리는 우리에게 쾌락원리를 받아들일 것을 강요하는 사실들로부터 추론되었다. 우리는 앞으로 더 상세하게 논의하는 과정에서, 우리가 가정한 정신기관의 이러한 노력이 **안정을 추구하는 경향**이라는 페히너의 원리에 종속되는 것도 알게 될 것이다. 페히너는 이 원리에 쾌감-불쾌감을 연관시켰다.

그러나 우리는 쾌락원리가 정신과정의 흐름을 지배한다고 주장하는 것은 사실 옳지 않다고 말해야 한다. 만일 쾌락원리가 지배한다면, 우리의 대다수 정신과정은 쾌락을 수반하거나 아니면 쾌락에 이르러야 마땅할 것이다. 그러나 극히 보편적인 경험은 이런 추론을 강력하게 반박한다. 그러므로 쾌락원리를 좇는 강력한 경향이 정신 안에 존재하지만, 모종의 다른 힘들이나 상황들이 그 경향에 저항해서, 최종 결과가 언제나 쾌락의 경향에 상응하는 것만은 아닐 수 있다. 이와 유사한 동기에서 페히너가 한 말과 (위의 책, 90쪽) 비교해 보라. "그러나 목표를 추구하는 경향이 곧 목표의 달성을 의미하지는 않으며, 목표는 일반적으로 오로지 근접하게만 도달할 수 있으므로……"

어떤 상황이 쾌락원리의 관철을 저지할 수 있는가 하는 문제에 주목하게 되면, 우리는 다시 잘 알려진 안전한 토대에 들어서서 우리의 분석적인 경험을 풍부하게 활용해 이 문제에 답변할 수 있다.

쾌락원리가 억제되는 첫 번째 경우는 내적인 규칙에 따르는 것으로서 우리에게 이미 잘 알려져 있다. 우리는 쾌락원리가 정신기관의 일차적인 작업방식의 특성이며, 외부세계의 장애에 시달리는 유기체의 자기주장을 위해서는 처음부터 아예 쓸모없고 심지어는 아주 위험한 것을 알고 있다. 자아의 자기보존욕동(Selbsterhaltungsrieb)의 영향을 받아서 쾌락원리는 **현실원리**(Realitätsprinzip)로 교체된다. 현실원리는 결국 쾌락을 얻으려는 의도를 포기하지 않은 채, 쾌락에 이르기 위한 긴 에움길에서 만족을 잠시 뒤로 미루거나 만족을 얻을 수 있는 여러 가지 가능성을 포기하거나 때로는 불쾌를 감내할 것을 요구하고 또 이 요구를 관철시킨다. 그러면 쾌락원리는 '교육하기' 어려운 성욕동의 작업방식으로 장시간 머문다. 그리고 성욕동에서 출발하든 자아 자체의 일이든, 쾌락원리가 유기체 전체를 손상시키면서 현실원리를 제압하는 일이 거듭 벌어진다.

그러나 현실원리에 의한 쾌락원리의 대체는 불쾌 경험의 미미한 부분만을 책임질 뿐, 강도 높은 부분까지 책임질 수 없는 것에는 의심의 여지가 없다. 불쾌를 야기하는 또 다른 규칙적인 원천은 자아가 고도의 복합적인 조직으로 발달하는 동안 정신기관 안에서의 갈등과 분열에서 생겨난다. 정신기관을 채우는 거의 모든 에너지는 전제되는 욕동충동(Triebregung)들에서 유래하는데, 이 욕동충동들 전부가 같은 발달단계에 이르도록 허용되지는 않는다. 개개의 욕동이나 욕동의 부분들은 자아의 포괄적인 통일체로 결합될 수 있는 나머지 것들과 그 추구하는 목표나 요구에서 합치하지 않는 것으로 도중에 거듭 증명된다. 그러면 욕동이나 욕동의 부분들은 억압과정을 통해 그 통일체에서 유리되어 정신발달의 낮은 단계에 억류되고 우선 만족의 가능성을 박탈당한다. 억압된 성욕동들의 경우에 흔히 그렇듯이, 그러다 에움길을 통해 직접 만족이나 대리 만족에 이르는 데 성공하게 되면, 다른 경우에는 쾌락의 가능성이었을 이런 성공이 자아에 의해 불쾌로 느껴진다. 특정한 욕동들이 쾌락원리를 좇아서 새로운 쾌락을 얻으려고 애쓰는 동안, 쾌락원리는 억압에 이른 옛 갈등 때문에 새로운 균열을 경험한다. 억압이 쾌락의 가능성을 불쾌의 원천으로 변화시키는 세세한 과정은 아직 충분히 이해되지 못했거나 명쾌하게 묘사될 수 없지만, 모든 신경증적인 불쾌는 확실히 이런 종류의 것이며 쾌

락으로 느껴질 수 없는 쾌락이다.[4]

여기에서 제시한 불쾌의 두 가지 원천은 우리의 불쾌 체험의 과반수도 설명하지 못한다. 그러나 나머지 불쾌 체험의 존재가 쾌락원리의 지배에 모순되는 것은 아니라고 충분히 주장할 수 있는 듯 보인다. 우리가 감지하는 대부분의 불쾌는 지각 불쾌이다. 충족되지 못한 욕동의 압박에 대한 지각이거나, 또는 정신기관에서 불쾌한 기대를 자극해 정신기관에 의해 '위험'으로 인식되거나 그 자체로 곤혹스러운 외적 지각이다. 정신기관의 고유한 활동은 이런 욕동의 요구와 위협에 대한 반응에서 표현되는데, 이 반응은 쾌락원리나 쾌락원리를 수정하는 현실원리에 의해 정확하게 조절될 수 있다. 따라서 쾌락원리를 더 이상 제한할 필요는 없는 듯 보인다. 그러나 무엇보다도 외적 위험에 대한 정신적 반응을 연구하게 되면, 여기에서 다룬 문제에 대해 새로운 소재를 제공하고 또 새로운 물음들을 제기할 수 있다.

---

4) 중요한 점은 쾌락과 불쾌가 의식적 감정으로서 자아에 부착되어 있는 것이다.

II

심한 기계적 충격, 열차 충돌, 그 밖에 생명을 위협하는 사고 후, '외상성 신경증(Traumatische Neurose)'이라는 명칭이 붙은 상태가 오래전부터 묘사되어 왔다. 이제 막 끝난 끔찍한 전쟁은 그런 질병을 다량으로 야기했으며, 기계적 힘이 야기한 신경조직의 기질적 손상에서 그 원인을 찾으려는 유혹에 최소한 종지부를 찍었다.[5] 외상성 신경증의 병세는 운동성 증상과 많

---

5) 《전쟁신경증의 정신분석에 대해(Zur Psychoanalyse der Kriegsneurosen)》(《국제 정신분석학 총서》1권, 1919)를 참조하라. 여기에는 페렌치, 아브라함, 짐멜, E. 존스의 글도 실려 있다.

이 유사하다는 점에서 히스테리에 접근하지만, 예를 들어 심기증(Hypochondrie)[6]이나 우울증처럼 주관적 고통이 강하게 형성된 증후 및 정신기능이 훨씬 더 포괄적이고 일반적으로 약화되고 파괴된 증거를 통해 대체로 히스테리를 능가한다. 전쟁신경증뿐만 아니라 평화 시의 외상성 신경증도 아직까지 완벽하게 이해되지 않았다. 전쟁신경증의 경우, 동일한 증상이 때로는 난폭한 기계적 힘의 개입 없이도 나타난다는 점은 한편으로는 사태의 해명에 도움을 주기도 하지만 다른 한편으로는 혼란을 야기하기도 한다. 일반적인 외상성 신경증에서 성찰의 실마리로 삼을 수 있었던 두 가지 특징이 두드러진다. 첫째는 그 주요 원인이 놀람의 계기, 경악에 있는 듯 보이며, 둘째는 놀라는 동시에 받은 상처나 상해가 대부분 신경증의 발생에 저항한다는 것이다. 경악(Schreck), 공포(Furcht), 불안(Angst)이 동의어 표현으로 사용되는 것은 옳지 못하다. 이것들은 위험에 대한 관계에서 뚜렷이 구별된다. 불안은 어떤 위험인지 확실히 모르면서도 위험을 예상하거나 위험에 대비하는 모종의 상태를 표현한다. 공포는 공포를 일깨우는 특정한 대상이 있어야 한다. 그

---

6) 자신의 건강에 대해 지나치게 걱정하고 불안해하는 정신병으로 흔히 건강염려증이라고 불린다.(—옮긴이)

러나 경악은 전혀 예상하지 못한 위험에 휩쓸려들었을 때 빠져드는 상태를 가리키며, 놀람의 계기를 강조한다. 나는 불안이 외상성 신경증을 유발할 수 있다고는 믿지 않는다. 불안에는 경악과 경악신경증을 막아주는 뭔가가 있다. 우리는 차후에 다시 이 논제에 대해 다루게 될 것이다.

꿈 연구는 정신의 심층적인 과정을 탐구하기 위한 가장 신뢰할 수 있는 방법일 수 있다. 외상성 신경증의 꿈 생활은 환자를 거듭해서 사고 상황으로 데려가는 특성을 나타낸다. 그럴 때마다 번번이 환자는 새롭게 경악하며 깨어난다. 여기에 대해서 모두들 그다지 의아하게 여기지 않는다. 외상성 체험이 심지어는 환자의 잠 속까지 끈질기게 쫓아오는 것은 그만큼 강한 인상을 남겼다는 증거라고 생각한다. 환자가 외상에 말하자면 심리적으로 고착되어 있다는 것이다. 이처럼 질병을 유발한 체험에 고착하는 현상은 이미 오래 전부터 히스테리를 통해 알려져 있다. 1893년 브로이어[7]와 프로이트는 히스테리 환자들 대부분이 회상에 시달린다는 견해를 표명했다. 전쟁신

---

7) 요제프 브로이어(Josef Breuer, 1842-1925): 오스트리아의 의사, 생리학자, 철학자. 지그문트 프로이트와 함께 정신분석의 창시자로 간주된다.(―옮긴이)

경증의 경우에도 페렌치[8]와 짐멜[9] 같은 관찰자들은 외상을 겪은 순간에 고착하는 것을 통해서 일부 운동성 증후들을 설명할 수 있었다.

그러나 나는 외상성 신경증 환자들이 깨어 있는 동안 사고의 기억에 몰두하는 경우는 보지 못했다. 아마 그들은 차라리 사고를 생각하지 않으려고 애쓸 것이다. 밤의 꿈이 병을 유발한 상황으로 다시 그들을 데려가는 것을 자명하게 받아들인다면, 그것은 꿈의 본성을 오인하는 것이다. 과거 건강했을 때의 모습이나 또는 바라는 대로 완쾌한 모습을 환자에게 보여주는 것이 오히려 꿈의 본성과 일치할 것이다. 꿈의 소원성취 경향에 대한 믿음이 사고신경증(事故神經症) 환자들의 꿈에 의해 동요하지 않으려면, 그런 상태에서는 꿈 기능 역시 다른 많은 것들처럼 충격을 받아서 원래의 의도로부터 벗어난다는 설명이 남아 있다. 아니면 우리는 자아의 수수께끼 같은 자학적 경향을 떠올려야 할 것이다.

---

8) 산도르 페렌치(Sándor Ferenczi, 1873-1933): 헝가리의 신경과의사, 정신분석가.(―옮긴이)

9) 에른스트 짐멜(Ernst Simmel, 1882-1947): 독일 출신의 정신분석가.(―옮긴이)

이제 나는 외상성 신경증의 어둡고 음울한 주제에서 벗어나, 정신기관 초기의 정상적인 활동, 즉 어린이들의 놀이에서 정신기관의 작업 방식을 연구할 것을 제안한다.

어린이들의 놀이에 대한 여러 이론들은 최근에야 비로소 파이퍼(S. Pfeifer)에 의해 잡지《이마고(Imago)》에 한데 모아져서 분석적으로 평가되었다.[10] 여기에서 나는 이 연구를 참고하라고 추천한다. 그 이론들은 어린이 놀이의 동기들을 알아내려고 시도하지만, 경제적 관점, 즉 쾌락 획득에 대한 고려를 중요하게 부각시키지는 않는다. 나는 그 현상들을 전부 아우르려는 의도 없이, 다만 내게 주어진 기회를 활용해 생후 1년 6개월의 남아가 처음 스스로 만들어낸 놀이에 대해 설명했다. 그것은 일시적인 관찰 이상의 것이었다. 나는 그 아이 및 그 아이의 부모와 함께 몇 주일 동안 한 지붕 아래서 살았기 때문이다. 그리고 내가 그 아이의 지속적으로 반복되는 수수께끼 같은 행위의 의미를 알아내기까지는 상당히 오랜 시간이 걸렸다.

아이는 지적 발달 면에서 결코 조숙하지 않았다. 한 살 반의 나이에 겨우 몇 마디 알아들을 수 있는 말을 했으며, 그 밖

---

10) 지크문트 파이퍼(Sigmund Pfeifer)의 〈놀이에 나타나는 유아기 성욕동에 대한 견해 Äußerungen infantil-erotischer Triebe im Spiel 〉(《이마고》5권 4호, 1919)참조. (—옮긴이)

에 주변 사람들이 이해할 수 있는 몇 가지 의미 있는 소리를 내었다. 그러나 아이는 부모뿐만 아니라 하나밖에 없는 하녀와도 잘 지냈으며 '착하다'고 칭찬을 받았다. 밤에 부모를 성가시게 괴롭히지도 않았으며, 만지지 말라는 물건은 만지지 않았고 가지 말라는 곳에는 가지 않았다. 무엇보다도, 아이는 어머니를 유난히 따랐는데도 어머니가 몇 시간 곁에 없어도 절대 울지 않았다. 어머니는 직접 젖을 먹여 아이를 키웠을 뿐만 아니라 다른 사람들의 도움을 일체 받지 않고서 아이를 보살피고 돌보았다. 그런데 그 얌전한 아이가 이따금 주변 사람들을 당황하게 만드는 습관을 내보였다. 아이는 손에 잡히는 작은 물건들을 모조리 방구석이나 침대 아래 같은 곳으로 집어 던졌다. 그래서 아이의 장난감을 찾아 모으기가 종종 쉬운 일이 아니었다. 그러면서 아이는 재미있고 흡족하다는 표시로 오-오-오-오라고 큰 소리로 길게 늘여 빼어 말했다. 나는 아이를 지켜본 결과, 그 소리는 감탄사가 아니라 '없어졌어'라는 뜻이라는 데 어머니와 의견이 일치했다. 마침내 나는 그것이 하나의 놀이이며 아이는 '없어졌어' 놀이를 하는 것에 그저 모든 장난감들을 이용할 뿐이라는 사실을 알아챘다. 그러던 어느 날 아이를 지켜보다가 내 생각이 옳다는 것을 확인할 수 있었다. 아이는 실이 감긴 실패를 가지고 있었다. 그런데 이를테면 실패를 끌고 다니며 수레 놀이를 할 생각은 전혀 하지 않고, 실에 매달린 실패를 커튼이 쳐진 아기침대 속으로 아주 능숙하게 훌쩍 내던졌다. 실패가 침대 안으로 사라지자 아이는 의미심장하게 오-오-오-오라고 말하더니, 실에 매달린 실패를 다시 침대 밖으로 끌어내었다. 하지만 이번에는 기쁨에 넘친 표정으로 '있다'라고 말하며 실패의 출현을 반겼다. 즉, 그것은 완벽한 놀이, 사라졌다가 다시 돌아오는 놀이였는데, 사람들은 대부분 그 놀이 과정의 첫 번째 행위만을 보았다. 그리고 더 큰 기쁨은 의심의 여지없이 두 번째 행위에 결부되어 있었는데도, 첫 번째 행위만이 놀이로서 그 자체로 줄기차게 반복되었다.[11]

그렇다면 이 놀이에 대한 해석은 명백했다. 이 놀이는 아이의 뛰어난 문화적 능력, 떼쓰지 않고서 어머니가 곁을 떠나도록 허용함으로써 성취한 욕동의 포기(욕동 충족의 포기)와 관련 있었다. 아이는 손에 닿는 물건들이 사라졌다가 다시 돌아

---

11) 이 같은 해석은 또 다른 관찰에 의해서 확실하게 입증되었다. 어느 날 아이의 어머니는 여러 시간 동안 외출했다가 집에 돌아왔을 때 '베비 오-오-오-오!'라는 인사를 받았다. 처음에는 이 말이 무슨 뜻인지 이해할 수 없었다. 그러나 아이가 혼자 오래 있는 동안 자기 자신을 사라지게 하는 수단을 발견한 사실이 드러났다. 아이는 거의 바닥까지 닿는 전신 거울 속에서 자신의 모습을 발견하고는 바닥에 쪼그리고 앉았다. 그러자 거울 속의 모습이 '없어졌다.'

오는 장면을 직접 연출함으로써 말하자면 욕동 포기를 보상한 것이다. 이 놀이의 감정적인 면을 평가하는 데는, 아이가 스스로 놀이를 고안해냈는지 아니면 외부의 자극을 받아서 습득했는지는 물론 중요하지 않다. 우리의 관심은 다른 것으로 향한다. 어머니가 곁을 떠나는 것은 절대 아이의 마음에 들 리가 없으며 또는 아이에게 무관심한 일일 수도 없다. 그렇다면 이처럼 아이에게 불편한 체험이 놀이로서 반복되는 것은 어떻게 쾌락원리와 합치하는가? 어머니가 떠나는 것은 반가운 재회의 전제조건으로 연출되는 것이며 놀이의 실제 목적은 반가운 재회에 있다고 아마 답변하려는 사람이 있을 것이다. 첫 번째 행위, 즉 사라지는 것이 오로지 그 자체로서 놀이로 연출되었으며, 더욱이 즐거운 결말에 이르는 전체 놀이보다 훨씬 더 자주 연출된 사실은 그런 답변에 모순될 것이다.

이런 개별적인 사례 하나만을 분석해서는 확실한 결정을 내리기는 어렵다. 이 사례를 선입견 없이 고찰하면, 아이가 이 체험을 다른 동기에서 놀이로 만들었다는 느낌이 든다. 아이는 수동적으로 체험에 휩쓸렸으며, 그 체험이 불쾌했는데도 그것을 놀이로 반복하면서 능동적인 역할을 맡았다. 우리는 그러한 노력을 기억 자체가 즐겁거나 즐겁지 않은지에 개의하지 않는 장악욕동(Bemächtigungstrieb)으로 분류할 수 있을 것이다. 그러나 다른 식으로도 해석해 볼 수 있다. 물건이 눈에 보이지 않도록 내던지는 것은 실생활에서 억압된 어머니를 향한 복수충동의 충족일 수 있다. 어머니가 아이 곁을 떠났기 때문이다. 그러면 여기에는 이런 반항적인 의미가 있을 수 있다. "그래, 갈 테면 가라고. 나는 엄마가 필요 없어. 내가 직접 엄마를 멀리 보내버릴 거야." 생후 1년 6개월의 나이에 이런 첫 놀이를 했던 바로 그 아이는 일 년 후 장난감이 화를 돋우면 그것을 바닥에 내팽개치며 이렇게 말하곤 했다. "전쟁터로 가버려!" 그 당시 사람들은 집을 비운 아버지가 전쟁터에 있다고 아이에게 이야기해주었다. 아이는 아버지를 그리워하기는커녕 그 누구에게도 방해받지 않고서 어머니를 독점하고 싶다는 표시를 분명하게 했다.[12] 우리는 그런 비슷한 적대적인 충동을 사람 대신 물건을 내팽개침으로써 표현하는 아이들에 대해 알고 있다.[13] 그

---

12) 그 아이가 다섯 살 9개월이 되었을 무렵 어머니가 세상을 떠났다. 이제 실제로 어머니가 '없어졌지만'(오-오-오), 아이는 어머니를 잃은 슬픔을 전혀 보이지 않았다. 물론 그 사이에 그 아이의 가장 강한 질투심을 일깨운 둘째 아이가 태어났다.

13) 프로이트의 《시와 진실》에 나타나는 어린 시절의 추억 Eine Kindheitserinnerung aus "Dichtung und Wahrheit"》(《이마고》, 5권, 1917)을 참조하라.

래서 뭔가 인상적인 것을 정신적으로 처리해서 완전히 장악하고자 하는 욕구가 쾌락원리와는 무관하게 우선적으로 표현되는 것이 아닌가 하는 의심이 고개를 쳐든다. 여기서 논의한 사례에서 아이가 놀이를 통해 불편한 인상을 반복할 수 있었던 것은, 오로지 그 놀이를 통한 반복에 다른 종류의 직접적인 쾌락획득이 결부되어 있었기 때문일 수 있다.

어린이들의 놀이를 계속 추적해도 이 두 가지 견해 사이에서 오락가락하는 우리에게는 도움이 되지 않는다. 어린이들이 실생활에서 자신들에게 강렬한 인상을 남긴 모든 것을 놀이를 통해 반복하고 그럼으로써 그 강도를 완화시켜서 이른바 그 상황의 주인이 되는 것을 볼 수 있다. 그러나 다른 한편으로는 어린이들의 모든 놀이가 그 시기를 지배하는 소원, 즉 어서 빨리 어른이 되어서 어른들처럼 행동하고 싶어 하는 소원의 영향 아래에 있는 것도 분명하다. 또한 체험의 불쾌한 성격이 어린이들의 놀이에 언제나 부적합한 것만은 아니라는 사실도 관찰할 수 있다. 의사가 아이의 목을 진찰하거나 아이의 몸에 작은 수술을 한 경우에, 이 무서운 체험은 틀림없이 다음 놀이의 내용을 이루게 된다. 이때에 다른 원천에서 유래하는 쾌락의 획득을 간과해서는 안 된다. 아이는 체험의 수동성으로부터 놀이의 능동성으로 넘어가면서, 자신에게 일어난 불편한 일을 놀이 친구에게 가함으로써 그 대리 인물에게 복수한다.

어쨌든 이러한 논의들에서, 특별한 모방 욕동이 놀이의 동기라는 가설은 쓸모없다는 결론이 나온다. 어린이의 행동과는 달리 관객을 목표로 하는 성인들의 예술적인 연극과 모방이 예를 들어 비극에서 아주 고통스러운 인상들을 관객에게 안겨주지만, 관객들은 그 인상들을 고도의 만족으로 느낄 수 있다는 경고에 우리는 동조한다. 그래서 그 자체로 불쾌한 것을 기억과 정신적 처리의 대상으로 만들기 위한 수단과 방법이 쾌락원리의 지배 하에서도 충분히 존재한다고 확신하게 된다. 경제적인 방향의 미학은 이처럼 결국 쾌락 획득에 이르는 경우들과 상황들에 대해 다룰 것이다. 이것들은 우리의 의도에는 아무 소용이 없다. 이것들은 쾌락원리의 존재와 지배를 전제로 하며, 쾌락원리 너머의 경향들, 즉 쾌락원리보다 더 근원적이고 쾌락원리와는 무관한 경향들의 작용을 증명하지 못하기 때문이다.

III

25년 동안의 집중적인 연구에 힘입어 오늘날 정신분석학 기술(記述)의 당면 목표는 당연히 처음과는 완전히 달라졌다. 처음에 정신분석의사는 오로지 환자에게 숨겨진 무의식을 알아내어 조합해서 적시에 알려주는 것 말고는 달리 애쓸 일이 없었다. 정신분석은 무엇보다도 해석의 기술이었다. 이것으로 치료의 과제가 해결되지 않았기 때문에, 정신분석의가 구성한 것을 환자로 하여금 기억을 되살려 확인하게 하려는 또 다른 목표가 즉시 등장했다. 이런 노력의 과정에서 환자의 저항이 주안점으로 떠올랐다. 이제 가능한 한 신속하게 환자의 저항을 찾아내어 환자에게 알려주고, 인간적인 영향력을 행사해 ('전이(Übertragung)'로서 작용하는 암시(Suggestion)를 여기에서 활용해야 한다) 저항을 포기하도록 환자의 마음을 움직이는 기술을 발휘해야 했다.

그러나 그런 방법으로도 무의식적인 것의 의식화라는 기존의 목표를 완전히 달성할 수 없다는 사실이 점점 더 분명해졌다. 환자가 자신 안에 억압되어 있는 모든 것을 기억할 수는 없고, 어쩌면 다름 아닌 본질적인 것을 기억하지 못할 수도 있다. 그래서 자신에게 전달된 구성이 맞는지 확신하지 못한다. 환자는 억압된 것을 의사가 원하는 대로 과거의 일부로 **기억**하기보다는 현재의 체험으로 **반복**할 수밖에 없다.[14] 이처럼 달갑지 않게도 충실한 재생은 언제나 유아적인 성생활, 즉 오이디푸스 콤플렉스와 여기에서 파생된 것의 일부를 내용으로 하며, 번번이 전이의 영역에서, 곧 의사와의 관계에서 전개된다. 치료 과정에서 이 단계에 이르면, 이전의 신경증이 새로운 전이 신경증(Übertragungsneurose)[15]으로 대체되었다고 말할 수 있

---

14) 정신분석의 기술에 대해서는 프로이트의 〈기억, 반복, 처리(Erinnern, Wiederholen und Durcharbeiten)〉를 참조하라.

15) 정신분석이나 정신치료 과정에서 피치료자가 치료자를 어머니나 아버지 같은 어린 시절의 중요했던 인물로 여기며 아동기의 경험을 재생시

다. 의사들은 이 전이신경증의 영역을 가능한 한 축소해서 가능한 한 많은 것을 기억 속으로 몰아넣어 가능한 한 조금 반복하게 하려고 노력했다. 기억과 재생 사이의 관계는 각기 경우에 따라 다르다. 일반적으로 의사들은 분석과정에서 반드시 이 치료 단계를 거쳐야 한다. 의사는 환자에게 잊힌 삶의 일부를 다시 체험하게 해주고, 환자가 어느 정도 우월한 위치를 유지하도록 배려해야 한다. 그래야만 환자는 실재처럼 보이는 것을 잊힌 과거의 반영으로서 거듭 반복해서 인식할 수 있다. 이것이 성공하면, 환자는 확신을 얻게 되고 이 확신에 의존하는 치료도 성과를 거두게 된다.

신경증 환자들의 정신분석 치료 동안 나타나는 이 '**반복강박**(Wiederholungszwang)'을 보다 분명하게 파악하기 위해서는, 무엇보다도 저항과의 싸움에서 '무의식'의 저항이 문제라는 오해로부터 벗어나야 한다. 무의식, 즉 '억압된 것'은 치료하려는 노력에 전혀 저항하지 않는다. 무의식 스스로는 오로지 자신을 억누르는 압박에 맞서서 의식으로 뚫고나오든지 아니면 실제 행동을 통해 발산되려고 애쓸 뿐이다. 치료과정에서의 저항은 억압을 주도했던, 정신생활의 더 높은 층위와 체계에서 발생한다. 그러나 경험을 통해 알 수 있듯이, 저항의 동기

키는 신경증.(―옮긴이)

들, 아니 저항 자체가 치료과정에서 처음에는 무의식적이기 때문에, 우리는 우리의 부적절한 표현 방식을 개선하라는 경고를 받는다. 우리는 의식과 무의식이 아니라 관련 있는 **자아**(Ich)와 **억압된 것**을 서로 대립시키면 불분명함에서 벗어날 수 있다. 자아의 많은 것이 확실히 그 자체로 무의식적이며, 특히 자아의 핵심이라고 불리는 것이 무의식적이다. 우리는 자아의 미미한 일부만을 **전의식**(das Vorbewußte)이라는 명칭으로 커버한다. 우리는 단순히 기술적(記述的)인 표현 방식을 이처럼 체계적이거나 역동적인 표현 방식으로 교체한 후, 피분석자의 저항이 그의 자아에서 비롯된다고 말할 수 있다. 그러면 반복강박이 무의식적으로 억압된 것에서 비롯되는 것을 즉시 파악하게 된다. 호의적인 치료 작업이 억압을 이완시킨 후에야 비로소 반복강박은 표출될 수 있었을 것이다.[16]

의식적이고 전의식적인 자아의 저항이 쾌락원리를 위해 일한다는 것에는 의심의 여지가 없다. 그 저항은 억압된 것이 자유로워짐으로써 야기될 불쾌를 모면하려고 하고, 우리는 현실원리를 내세워 그 불쾌를 허용하는 쪽으로 노력한다. 그런데

---

16) 나는 여기에서 반복강박을 도와주는 것이 치료의 '암시작용,' 즉 무의식적인 부모 콤플렉스에 깊이 토대를 둔, 의사에 대한 순종심이라고 다른 자리에서 설명했다.

반복강박, 즉 억압된 것의 힘의 표시는 쾌락원리와 어떤 관계에 있는가? 반복강박을 통해 다시 체험하게 되는 대부분의 것이 자아에게 불쾌를 안겨줄 것은 명백하다. 반복강박은 억압된 욕동충동의 활동을 드러내기 때문이다. 그러나 그것은 우리가 이미 인정한 불쾌이며 쾌락원리에 모순되지 않는 불쾌이다. 그것은 하나의 체계에는 불쾌인 동시에 다른 체계에는 만족이다. 그러나 우리가 지금부터 묘사하게 되는 주목할 만한 새로운 사실은, 반복강박이 쾌락의 가능성을 전혀 내포하지 않은 과거의 체험, 그 당시에도 만족일 수 없었던 체험, 그리고 그 후로 억압된 욕동충동조차 만족시킬 수 없는 체험도 다시 불러온다는 것이다.

유아기에 성생활의 초기 개화는 소망과 현실이 합치될 수 없고 유아의 발달 정도가 충분하지 못한 탓에 쇠퇴할 수밖에 없는 운명을 짊어진다. 그것은 극히 곤혹스러운 일들을 겪으며 심히 고통스러운 감정 속에서 소멸한다. 사랑의 상실과 실패는 나르시시즘적 흉터로서 자존심에 지속적인 상처를 남긴다. 마르치노프스키[17]의 설명(1918)[18]과 내 경험에 의하면, 신경증 환

---

17) 요하네스 J. 마르치노프스키(Johannes J. Marcinowski, 1868-1935): 독일의 의사, 정신분석가.(—옮긴이)

18) 마르치노프스키의 〈열등감의 성애적 원천(Die erotischen Quellen der

자들에게 빈번히 나타나는 '열등감'의 조성에 가장 강력한 기여를 한다. 어린 아이의 성적 탐구는 신체발달 때문에 한계에 이르러 만족할 만한 결론에 이르지 못한다. 그래서 나중에 이런 한탄들을 한다. "나는 아무것도 성취할 수 없어, 나는 아무것도 성공하지 못해." 다정한 결합, 대부분 양친 가운데 성별이 다른 쪽과의 다정한 결합은 실망, 만족에 대한 헛된 기다림, 동생의 출생에서 맛보는 질투심에 굴복한다. 동생의 출생은 사랑하는 어머니나 아버지의 배반을 명백하게 입증한다. 자신도 비장한 각오로 그런 아기를 만들어보겠다고 시도하지만 부끄럽게도 실패로 끝나고 만다. 아이에게 주어지는 애정의 감소, 차츰 증가하는 교육의 요구, 진지한 말들, 그리고 이따금 가해지는 나무람은 결국 아이가 얼마나 **거부**당하는지 드러낸다. 이런 어린 시절의 전형적인 사랑이 어떻게 끝을 맺는지 재삼재사 되풀이해서 보여주는 몇 가지 유형이 있다.

이런 모든 원치 않았던 계기들과 고통스러운 격한 감정들은 신경증 환자에 의해 이제 전이에서 되풀이되고 아주 능숙하게 새로이 재생된다. 신경증 환자들은 치료를 중단하려고 한다. 그들은 거부당했던 느낌을 다시 되살려 내고 의사에게서 무뚝뚝한 말과 냉정한 태도를 이끌어낸다. 자신의 질투심을 발

Minderwertigkeitsgefühle)〉, 성의학 잡지, 4권, 1918 참조.

산하기에 적합한 대상들을 찾아내고, 어린 시절 그토록 간절히 원했던 아기 대신 대부분 그 아기만큼이나 현실성 없는 커다란 선물을 계획하거나 약속한다. 어린 시절에는 그 가운데 어느 것도 쾌락을 가져다줄 수 없었다. 현재 그 일이 새로운 체험으로 형성되는 것보다 기억이나 꿈으로 나타난다면 덜 불쾌할 것이라고 추정해야 할 것이다. 여기에서 물론 만족되어야 하는 욕동의 행위가 문제된다. 그러나 그 당시에도 만족 대신 불쾌만을 초래했던 경험은 아무런 결실도 맺지 못했다. 그런데도 그 경험은 되풀이된다. 강박관념이 되풀이되도록 강요한다.

정신분석이 신경증 환자들의 전이 현상에서 보여주는 것과 똑같은 일들이 신경증에 걸리지 않은 사람들의 삶에서도 나타날 수 있다. 후자의 경우에는 운명에 쫓기거나 악마적인 성격의 체험에 휘말린 듯한 인상이 든다. 처음부터 정신분석학은 그런 운명이 상당 부분 스스로 자초한 것이며 초기 유아기의 영향에 의해 결정된 것으로 간주했다. 여기에서 표출되는 강박은 신경증 환자들의 반복강박과 다르지 않다. 물론 신경증 환자들이 증상을 형성함으로써 신경증적인 갈등을 해결한 징후는 결코 보이지 않았다. 그래서 모든 인간관계가 번번이 같은 결과로 끝나는 사람들이 있다. 항상 기꺼이 도움을 베풀지만 어느 정도 시간이 흐른 후에는 도움을 받은 사람들에게서 번번이 원망을 들으며 버림받는 사람들. 그들은 각양각색의 사람들에게 도움을 베푸는데도 번번이 배은망덕의 온갖 쓰라림을 맛보는 운명을 짊어진 듯 보인다. 모든 우정이 항상 친구의 배신으로 끝나는 남자들. 다른 사람을 사적이나 또는 공적으로 높은 권위적인 자리에 치켜세웠다가는 일정한 시간이 지나면 그 인물을 추락시키고서 다시 새로운 인물로 대체하기를 평생 반복하는 남자들. 모든 여자관계가 언제나 똑같은 단계를 거치고 언제나 똑같은 결말을 맞이하는 사람들. 당사자들의 태도가 능동적이면, 그리고 똑같은 체험을 반복할 때마다 어김없이 표출되는 변함없는 본성의 특징을 확인하게 되면, 우리는 이런 '동일한 것의 영원회귀(ewige Wiederkehr des Gleichen)'[19] 에 대해 별로 놀라지 않는다. 우리는 당사자들이 약간 수동적으로 체험하는 듯 보이는 경우들에서 훨씬 더 강렬한 인상을 받는다. 그들은 같은 운명을 거듭 반복해서 체험하는데도, 거기에 별로 영향력을 미치지 못한다. 예를 들어 세 번 연달아 결혼했는데, 세 남편 모두 결혼 직후 앓아눕는 바람에 그 남편

---

19) '동일한 것의 영원회귀'는 독일의 철학자 프리드리히 니체가 창안한 개념이다. 니체는 "모든 것이 가고, 모든 것이 되돌아온다. 존재의 수레바퀴는 영원히 돌고 돈다. 모든 것이 죽고, 모든 것이 다시 꽃피어난다"라고 말하며, '만물이 영원히 회귀한다'는 사상을 개진했다.(―옮긴이)

들을 번번이 죽도록 간호한 부인의 이야기를 생각해보라.[20] 타소[21]는 낭만적 서사시 《해방된 예루살렘》에서 이런 운명의 시련에 대해 아주 절실하게 시적으로 묘사했다. 이 서사시의 주인공 탕크레드는 적군의 갑옷을 입은 사랑하는 여인 클로린다와 전투를 하게 되고, 자신도 모르는 사이에 그만 클로린다의 목숨을 앗는다. 그는 클로린다를 땅에 묻은 후, 십자군 병사들에게 공포심을 불어넣는 무시무시한 마법의 숲으로 뚫고 들어간다. 그곳에서 탕그레드는 우뚝 솟은 나무를 검으로 벤다. 그런데 나무의 상처에서 피가 주르륵 흐르고, 클로린다의 목소리는 탕크레드가 다시 사랑하는 여인에게 상처를 입혔다고 원망한다. 클로린다의 영혼이 그 나무 안에 갇혀 있었던 것이다.

전이에서 나타나는 행동과 인간의 운명을 관찰한 결과를 토대로, 우리는 쾌락원리를 벗어나는 반복강박이 실제로 정신

---

20) 여기에 대해서는 융(C. G. Jung)의 논문 〈개인의 운명에 대한 아버지의 의미(Die Bedeutung des Vaters für das Schicksal des Einzelnen)〉(《정신분석 연감 Jahrbuch für Psychoanalyse》1권, 1909)의 적절한 설명을 참조하라.

21) 토르카토 타소(Torquato Tasso, 1544-1595): 이탈리아의 시인. 그의 대표작 《해방된 예루살렘 Gerusalemme liberata》은 후기 르네상스의 정신을 종합한 것으로 유럽 문단에 큰 영향을 주었다.(—옮긴이)

생활 안에 존재한다고 과감하게 가정할 수 있다. 또한 이제 우리는 사고신경증 환자들의 꿈과 어린이들의 놀이 충동을 이러한 강박과 연관 지으려 한다. 그러나 반복강박의 작용을 다른 동기들의 도움을 받지 않고서 그 자체로 순수하게 파악할 수 있는 경우는 드물다고 덧붙이지 않을 수 없다. 어린이 놀이의 경우에서 우리는 이미 그 발생 과정을 어떻게 여러 가지로 해석할 수 있는지 강조했다. 반복강박과 직접적인 유쾌한 욕동 충족이 여기에서 밀접한 공동의 관계로 얽히는 듯 보인다. 전이 현상들은 억압을 고집하는 자아 측의 저항을 위해 일하는 것이 명백하다. 치료과정에서 이용가능한 반복강박이 말하자면 쾌락원리를 고수하려고 하는 자아에 의해 자아 쪽으로 끌려간다. 운명의 강요라고 부를 수 있을 많은 것들을 합리적으로 고찰하면 이해 가능한 듯 보인다. 그래서 우리는 새롭고 비밀스러운 동기를 제시할 필요를 느끼지 못한다. 아마 사고꿈(Unfallstraum)들의 경우가 가장 확실할 것이다. 그러나 좀 더 자세히 생각해 보면, 다른 사례들에서도 이런 사태가 이미 알려진 동기들의 기능을 통해 완전히 설명되는 것은 아니라고 인정해야 한다. 반복강박의 가설을 입증하는 것은 충분히 남아 있으며, 반복강박이 반복강박에 의해 밀려난 쾌락원리보다 더 근원적이고 더 기본적이고 더 욕동적인 듯 보인다. 그러나 이런 반복강박이 정신적인 것 안에 존재한다면, 우리는 그것이 어떤 기능에 부합하고 어떤 조건에서 나타날 수 있으며 쾌락원리와 어떤 관계에 있는지 기꺼이 알고자 한다. 지금까지 우리는 쾌락원리가 정신생활에서 흥분 과정의 흐름을 지배한다고 믿었다.

IV

각자 개인적인 입장에 따라서 높이 평가할 수도 있고 아니면 무시할 수도 있는 사변[22]을 지금부터 펼쳐보려고 한다. 이것은 종종 때로는 아주 장황한 사변이 될 수도 있다. 나아가 이것은 결국 어디에 이르는지 알아보고 싶은 호기심의 발로에서, 하나의 생각을 일관성 있게 캐보려는 시도이다.

무의식적인 과정들을 연구하다 보면, 의식이 정신과정의

---

22) 여기에서 '사변'을 뜻하는 독일어 낱말 'Spekulation'은 '경험적인 현실을 벗어나 가설에 의존하는 사상의 전개'를 뜻한다.(―옮긴이)

가장 보편적인 특성이기 보다는 오로지 하나의 특수한 기능에 지나지 않을 수 있다는 인상을 받게 되는데, 정신분석적 사변은 바로 이런 인상에서 시작된다. 정신분석적 사변은 초심리학적 표현방식을 이용해, 의식이 '의식(Bw)'[23]이라고 불리는 특수한 체계의 기능이라고 주장한다. 의식은 본질적으로 외부세계에서 오는 자극의 지각과, 오로지 정신기관의 내부에서 비롯될 수 있는 쾌와 불쾌의 느낌을 제공하기 때문에, '지각의식(W-Bw)' 체계에 자리한다고 그 공간적인 위치를 규정할 수 있다. 의식은 외부와 내부의 경계에 자리하고서 외부세계를 향해 있으며 다른 정신 체계들을 감싸고 있는 것이 분명하다. 우리는 이렇게 가정함으로써 과감하게 새로운 것을 시도한 것이 아니라 의식의 위치를 규정하는 뇌 해부학의 의견에 동조했음을 밝힌다. 뇌 해부학은 의식의 '자리'를 뇌피질, 즉 중추기관을 에워싼 가장 바깥층으로 옮긴다. 뇌 해부학은 의식이 왜―해부학

---

23) 프로이트는 인간의 정신을 의식(Bewußtsein), 전의식(das Vorbewußte), 무의식(das Unbewußte)으로 구분하는 지형학적 이론을 확립했으며, 이것들을 각기 'Bw', 'Vbw', 'Ubw'로 축약 표기했다. 그리고 지각(Wahrnehmung)과 지각의식(Wahrnehmungs-Bewußtsein)은 'W' 및 'W-Bw'로 표기했다. 본 한국어 번역본에서는 프로이트의 이 용어들을 일반적인 용어들과 구별하기 위해 '의식', '전의식', '무의식', '지각', '지각의식'으로 표기한다.(―옮긴이)

적으로 말해서—뇌의 가장 깊숙한 안쪽 어딘가에 안전하게 자리하지 않고 하필이면 뇌의 표면에 위치하게 되었는지에 대해서는 전혀 생각할 필요가 없다. 아마 우리는 우리의 '지각의식' 체계를 위해서도 그런 위치를 추론할 수 있을 것이다.

의식은 '지각의식' 체계의 과정들이 보유하고 있다고 여겨지는 유일한 특성이 아니다. 우리는 다른 체계들에서의 모든 흥분 과정들이 기억의 토대로서 지속적인 흔적들을, 즉 의식화와는 아무 상관없는 기억의 잔재들을 각기 체계들 안에 남긴다고 가정한다면, 정신분석 경험에서 얻은 인상들을 바탕으로 한다. 그것들은 자신들을 남긴 과정이 전혀 의식화되지 않았을 때 종종 가장 강하고 가장 지속적인 힘을 발휘한다. 그러나 흥분의 그런 지속적인 흔적들이 '지각의식' 체계에서도 성립된다고는 믿기 어렵다. 그런 흔적들이 언제나 의식에 남아 있다면, 새로운 자극을 받아들이는 체계의 능력을 즉각 제한할 것이다.[24] 만일 그렇지 않고 그 흔적들이 무의식적인 것이라면, 평소 그 기능이 의식되는 체계 안에서 무의식적 과정의 존재를 해명해야 하는 과제에 직면하게 된다. 우리는 말하자면 의

---

24) 이것은 《히스테리 연구(Studien über Hysterie)》(1895)의 이론 부분에 실린 J. 브로이어의 설명을 전적으로 따른 것이다.

식화가 하나의 특별한 체계에 속한다는 가정에 의해 아무것도 변화시키지도 얻지도 못했을 것이다. 이런 생각이 절대적으로 구속력 있지는 않을지라도, 의식되는 것과 기억의 흔적을 남기는 것이 하나의 체계에서 양립할 수 없다는 추측을 유도할 수 있다. 우리는 흥분 과정이 '의식' 체계에서 의식은 되지만 지속적인 흔적은 남기지 않는다고 말할 수 있을 것이다. 흥분이 가장 근접한 내부 체계로 전달되는 과정에서, 기억의 토대를 이루는 모든 흔적들이 이 내부 체계 속에 새겨진다. 내가 1900년 《꿈의 해석》의 추론적인 부분에 삽입한 도식도 이런 의미에서 구상되었다. 의식의 발생에 대해 알려주는 다른 출처들이 별로 없다는 사실을 감안하면, **의식이 기억의 흔적 대신 생긴다**는 논제가 어떤 식으로든 확실한 주장이라고 적어도 그 의미를 인정해야 할 것이다.

그러므로 '의식' 체계에서는 다른 모든 정신체계에서와는 달리 흥분과정이 체계의 요소들에게 지속적인 변화를 남기는 것이 아니라 이른바 의식화 현상 속에서 소멸하는 특성을 보인다. 일반적인 규칙으로부터의 이러한 일탈은 오로지 이 한 체계에서만 문제되는 요인을 근거로 설명할 것을 요구한다. 다른 체계들에는 없다고 여겨지는 이 요인은 '의식' 체계의 노출된 상황, 즉 외부세계와의 직접적인 대면일 수 있다.

살아 있는 유기체를 자극에 민감한 물질의 미분화된 소포(小胞)라고 최대한 단순화시켜서 생각해보자. 그러면 외부세계를 향한 표면은 자신의 위치 탓에 스스로 분화되어서, 자극을 받아들이는 기관으로서의 역할을 담당한다. 발생학(發生學, Embryologie)[25]은 발달사의 반복으로서 실제로 중추신경계가 외배엽에서 생겨나는 것을 보여준다. 그리고 회백질은 여전히 원시적 표피의 후예로서 그 본질적인 특성들을 물려받았을 것이다. 그렇다면 소포의 표면에 끊임없이 가해지는 외부자극에 의해 소포의 물질이 어느 정도 깊이까지 지속적으로 변화해서, 그 흥분 과정이 더 깊은 층들에서와는 다르게 진행될 것이라고 쉽게 생각할 수 있을 것이다. 그러다 마침내 자극의 작용에 의해 완전히 타버려서 자극 수용에 최적의 상황을 조성하고 자신은 더 이상 변형될 수 없는 껍질이 형성된다. 이것을 '의식' 체계에 응용하면, '의식' 체계의 요소들은 자극의 통과 시에 지속적인 변화를 더 이상 수용할 수 없다는 뜻일 것이다. 그 요소들이 이런 작용의 의미에서 이미 극심하게 변형되었기 때문이다. 그러나 그 요소들은 의식을 생성시키는 능력을 갖추게 된다. 물질 및 물질 안에서의 흥분 과정이 어디서 이처럼 변형되

---

25) 생물의 개체발생을 연구하는 생물학의 한 분야.(―옮긴이)

는지에 대해서, 현재로서는 입증하기 어려운 여러 가지 생각을 해볼 수 있다. 흥분은 한 요소에서 다른 요소로 옮아가는 과정에서 저항을 극복해야 하는데, 저항의 감소가 흥분의 지속적인 흔적(통로 확보)을 남긴다고 가정할 수 있다. 그러므로 '의식' 체계에는 한 요소에서 다른 요소로 옮아갈 때의 그런 저항이 더 이상 존재하지 않을 것이다. 이런 생각을 정신체계의 요소들에서 정지된(묶인) 집중에너지와 자유롭게 움직이는 집중에너지를 구분한 브로이어의 견해와 연관 지을 수 있다.[26] 그렇다면 '의식' 체계의 요소들은 묶인 에너지가 아니라 오로지 자유롭게 방출될 수 있는 에너지만을 운용할 것이다. 그러나 나는 이러한 관계들에 대해 우선은 가능한 한 분명하게 잘라 말하지 않는 편이 더 낫다고 생각한다. 어쨌든 이런 추론을 통해 우리는 의식의 발생을 '의식' 체계의 위치 및 '의식' 체계에 속하는 흥분과정의 특수성과 어느 정도 결합시킬 수 있었을 것이다.

우리는 자극을 받아들이는 외피층에 둘러싸인 살아 있는 소포에 대해 좀 더 논해야 한다. 이 살아 있는 물질 조각은 아주 강한 에너지로 충전된 외부세계 한가운데를 떠돌고 있으며, 만일 **자극 방어막**이 없다면 외부세계의 자극 작용에 격파당할

---

26) J. 브로이어와 프로이트의 《히스테리 연구》(19224) 참조.

것이다. 제일 바깥쪽 표면이 생명체에 부합하는 구조를 포기하고서 말하자면 무기체가 되어 특별한 외피나 막처럼 자극을 막아주게 되면, 그 조각은 자극방어막을 갖추게 된다. 다시 말해 외부세계의 에너지가 현저하게 약화되어 살아 있는 다음 층들로 옮아갈 수 있게 된다. 그러면 그 살아 있는 층들은 자극방어막 뒤에서 방어막을 뚫고 들어온 자극을 받아들이는 데 몰두할 수 있다. 바깥층은 스스로 죽음으로써 더 깊이 있는 모든 층들이 자신과 같은 운명을 당하지 않도록 지켜준다. 적어도 방어막을 뚫을 정도의 강한 자극이 접근하지 않을 때까지. 살아 있는 유기체에게 자극방어는 자극의 수용보다 더 중요한 과제일 수 있다. 자극 방어막은 자신 만의 고유한 에너지를 비축하고 있으며, 무엇보다도 자신 안에서 벌어지는 에너지 전환의 특별한 형태들이 외부에서 작용하는 엄청난 에너지에 의해 획일화되지 않도록, 즉 파괴되지 않도록 노력해야 한다. 자극의 수용은 무엇보다도 외부 자극의 방향과 종류를 알아내려는 의도에 기여하며, 그러기 위해서는 외부세계의 작은 표본을 채취하여 소량 맛보는 것으로 충분하다. 고도로 발달한 유기체의 경우, 과거 소포였을 시절 자극을 수용했던 외피층은 오래 전에 몸속 깊숙이 물러났지만, 그 일부는 일반적인 자극 방어막 바로 아래 표피에 남아 있다. 이것들은 근본적으로 특수한 자극 작용을 수용하기 위한 장치들을 함유하는 감각기관들이다. 그러나 그 밖에도 과도한 양의 자극을 새롭게 방어하고 부적절한 종류의 자극을 저지하기 위한 특별한 장치들도 함유하고 있다. 이 감각기관들은 아주 미미한 양의 외부 자극만을 처리하는 특색을 보인다. 그것들은 오로지 외부세계의 일부만을 임의로 추출한다. 아마 외부세계에 더듬더듬 다가갔다가는 번번이 다시 뒤로 물러나는 더듬이에 그것들을 비교할 수 있을 것이다.

이 자리에서 나는 아주 철저하게 다룰 만한 가치가 있는 주제에 대해 잠시 살펴보려고 한다. 시간과 공간이 우리 사유의 필수적인 형식이라는 칸트의 명제에 대해 오늘날 일부 정신분석학적 인식을 바탕으로 논의해 볼 수 있다. 우리는 무의식적인 정신 과정들 자체가 '시간과 무관한' 사실을 알게 되었다. 먼저 이 말은 무의식적인 정신 과정들이 시간적으로 배열되지 않으며, 시간은 그것들을 전혀 변화시키지 못하고, 우리는 시간 표상을 그것들에 적용할 수 없다는 것을 의미한다. 이것들은 오로지 의식적인 정신과정과의 비교를 통해서만 분명히 밝힐 수 있는 부정적인 특성들이다. 우리의 추상적인 시간 표상은 전적으로 '지각의식' 체계의 작업방식에 의해 이루어졌으며 이 작업방식의 자기지각(Selbstwahrnehmng)에 일치하는 듯 보인다. '지각의식' 체계의 기능 방식에 있어서는 자극에 방어하는 다른 길을 걸었을 수 있다. 나는 이러한 주장들이 매우 모호하게 들릴 것을 잘 알고 있지만, 이 정도 암시하는 선에서 그치지 않을 수 없다.

우리는 살아 있는 소포가 외부세계의 자극에 대항할 보호막을 갖추고 있다는 점에 대해 지금까지 상세히 설명했다. 그리고 소포의 가장 가까운 외피층은 외부로부터의 자극을 수용하기 위한 기관으로 분화되었음이 틀림없다고 그 전에 이미 확정지었다. 그러나 이 민감한 외피층, 훗날의 '의식' 체계는 내부로부터의 흥분도 받아들인다. '의식' 체계가 외부와 내부 사이에 위치하는 것과 양쪽의 작용에 대해 조건이 다른 것은 이 체계 및 전체 정신기관의 기능에 결정적이다. 외부에 대해서는 자극 방어막이 존재하며, 이 방어막에 부딪치는 자극의 크기는 축소되어서 작용할 것이다. 내부를 향해서는 자극 방어막이 작동 불가능하다. 더 깊은 층들의 흥분은, 그 흐름의 일부 특성들이 일련의 쾌-불쾌감을 만들어내면서, 완화되지 않은 채로 직접 '의식' 체계로 옮아간다. 그러나 내부에서 유래하는 흥분들은 그 강도 및 다른 질적인 특성 면에서(때로는 진폭 면에서) 외부세계로부터 밀려오는 자극들보다 '의식' 체계의 작업방식에 더 적합하다. 그런데 이런 상황에 의해서 두 가지가 결정적으로 확정된다. 첫째, 정신기관의 내부에서 일어나는 과정들을 위한 지표인 쾌감과 불쾌감이 모든 외부 자극들보다 우세하다. 둘째, 불쾌의 지나친 증가를 초래하는 내적 흥분에 맞서는 쪽으로 행동의 방향이 정해진다. 자극 방어막을 사용해 흥분에 저항하기 위해서, 흥분이 마치 내부에서가 아니라 외부에서 작용하는 것처럼 취급하는 경향이 생겨날 것이다. 이것은 병적 과정의 유발에서 매우 중요한 역할을 하는 투사(Projektion)의 기원이다.

이러한 고찰을 통해 이제 우리는 쾌락원리의 지배를 이해하는 데 더욱 가까이 다가갔다는 느낌이 든다. 그러나 쾌락원리에 모순되는 사례들을 해명하는 데까지는 이르지 못했다. 그러므로 여기에서 한 걸음 더 나가보자. 우리는 자극 방어막을 뚫을 만큼 강한 외부 자극을 **외상적** 자극이라고 부른다. 나는 외상(Trauma)의 개념이 평소 효과적인 자극 저지와의 관련을 요구한다고 믿는다. 외적 외상 같은 사건은 틀림없이 유기체의 에너지 운영에 커다란 장애를 야기하며 모든 방어 수단을 가동하게 만든다. 그런데 여기에서 쾌락원리가 맨 먼저 효력을 상실한다. 정신기관을 덮친 자극의 홍수를 더는 제지할 수 없다. 그보다는 자극을 극복하고 밀려드는 다량의 자극을 정신적으로 묶어서 처리해야 하는 과제가 발생한다.

신체적 고통의 특별한 불쾌는 필시 자극 방어막이 부분적으로 뚫린 결과일 것이다. 그러면 평소에는 오로지 정신 기관의 내부에서만 발생할 수 있는 연속적인 흥분이 외곽부위로부터 정신의 중심기관을 향해 몰려든다.[27] 그렇다면 정신생활은 이런 침입에 대해 어떤 반응을 보이리라고 예상되는가? 침입 부위 주변에 상응하는 많은 에너지를 집중시키기 위해서 사방으로부터 집중에너지가 소집된다. 대대적인 '반집중(Gegenbesetzung)'이 형성되며, 이를 위해 나머지 모든 정신 체계들은 빈곤해진다. 그래서 나머지 정신 기능들이 심하게 마비되거나 약화되는 결과가 발생한다. 우리는 이러한 사례들로부터 배우고 이러한 본보기들에 의지해 초심리학적 추측을 전개하려고 한다. 따라서 이러한 태도로부터 우리는 그 자체 고도로 에너지 집중된 체계가 새롭게 추가로 밀려드는 에너지를 받아들여서 정지된 에너지 집중으로 변화시킬 수 있다는, 즉 정신적으로 '묶을' 수 있다는 결론을 이끌어낸다. 고유의 정지된 에너지 집중의 정도가 높으면 높을수록 그 묶는 힘도 더 커질 것이다. 그렇다면 역으로 에너지 집중의 정도가 낮으면 낮을수록, 체계가 밀려드는 에너지를 수용할 수 있는 능력은 더 약화되고 자극 방어막이 뚫리는 결과는 더 격렬할 것이다. 이

---

27) 〈욕동과 욕동의 운명 Triebe und Triebschicksale〉참조.

러한 견해에 대해, 침입 부위 주변의 에너지 집중 증가는 밀려오는 다량의 자극이 직접 전달되기 때문이라고 훨씬 더 간단하게 설명하며 이의를 제기하는 사람이 있을 것이다. 이러한 이의는 온당하지 못하다. 만일 이 말이 사실이라면, 정신기관에서는 오로지 에너지 집중의 증가만이 일어날 것이다. 그리고 고통의 마비되는 특징과 나머지 모든 체계들의 빈곤은 설명되지 않을 것이다. 또한 고통의 매우 격렬한 방출 작용 역시 우리의 설명에 어긋나지 않는다. 이 방출 작용은 반사적으로, 다시 말해 정신기관의 개입 없이 일어나기 때문이다. 우리가 초심리학적이라고 일컫는 이런 모든 논의들이 불분명한 이유는, 우리가 정신 체계의 요소들 안에서 일어나는 흥분 과정의 본성에 대해 전혀 알지 못하고 있으며 그에 대한 가설을 제시할 자격이 있다고 느끼지 못하기 때문이다. 그래서 우리는 항상 커다란 미지의 X를 가지고 작업하며, 모든 새로운 공식에 이 X도 함께 받아들인다. 이 과정에서 번번이 에너지 양이 달라진다는 것은 쉽게 인정할 수 있는 주장이며, 또한 이 과정이 한 가지 이상의 특질(예를 들어 진폭의 성질에 있어서)을 지닐 가능성도 다분하다. 우리는 에너지 충전의 두 가지 형태가 문제된다는 브로이어의 주장을 새로운 것으로서 고려했다. 그에 따르면 정신 체계의(또는 정신 체계 요소들의) 정지된 에너지 집중과 자유롭게 흘러나와 방출되고자 하는 에너지 집중을 구분해야 한다. 우리는 정신기관 안으로 몰려드는 에너지의 '묶음(Bindung)'이 자유롭게 흐르는 상태에서 정지된 상태로 옮아가는 것이라는 추측을 펼칠 수 있을 것이다.

나는 일반적인 외상성 신경증을 자극 방어막의 다량 파손에 의한 결과라고 과감하게 해석할 수 있다고 믿는다. 이것으로 소박한 옛 충격 이론이 다시 권리를 회복할 것이다. 옛 이론은 시간상으로 더 늦게 정립되었고 심리학적으로 더 까다로우며 병의 원인이 기계적인 완력의 작용이 아니라 경악과 생명의 위협에 있다고 보는 이론에 반대되는 듯 보인다. 그러나 이러한 대립들은 화해 불가능한 것이 아니다. 외상성 신경증에 대한 정신분석학적 견해는 아주 조야한 형태의 충격 이론과는 다르다. 후자는 충격의 실체가 분자구조나 신경요소들의 조직학적 구조 자체의 직접적인 손상에 있다고 본다면, 우리는 자극 방어막의 파손이 정신기관에 미치는 작용과 여기에서 비롯되는 과제들을 이해하고자 한다. 경악은 우리에게도 중요한 의미를 지닌다. 경악 발생의 조건은 자극을 맨 먼저 받아들이는 체계들의 에너지 과집중을 포함해 불안에 대처하는 준비성의 결여이다. 에너지 집중의 정도가 낮으면 체계들은 밀려드는 다량의 자극을 제대로 묶을 수 없으며, 자극 방어막의 파손 결과는 그만큼 더 쉽게 발생한다. 그래서 우리는 자극을 받아들이는 체계들의 과집중과 더불어 불안에 대한 대비를 자극 방어막의 최후 방어선이라고 생각한다. 미리 대비하지 못한 체계들과 과집중을 통해 미리 대비한 체계들 사이의 차이가 많은 외상에서 결과를 좌우하는 요인일 수 있다. 물론 외상이 일정한 강도를 넘게 되면 이러한 차이는 더 이상 중요하지 않을 것이다. 꿈의 기능은 쾌락원리의 지배를 받아서 소원성취를 환각적으로 보여주는데 있다. 사고신경증 환자들의 꿈이 번번이 환자들을 사고 상황으로 데려간다면, 이런 꿈들은 물론 소원성취를 위한 것이 아니다. 그러나 그 꿈들은 쾌락원리가 지배권을 행사하기에 앞서서 먼저 해결되어야 하는 또 다른 과제를 수행한다고 가정할 수 있다. 그 꿈들은 불안을 유발함으로써 뒤늦게 자극을 극복하려고 한다. 불안의 부재가 외상성 신경증의 원인이 되었기 때문이다. 이렇게 그 꿈들은 쾌락원리에 모순되지는 않지만 쾌락원리에 예속되지도 않는 정신기관의 기능, 쾌락의 획득과 불쾌의 회피라는 목적보다 더 근원적인 듯 보이는 정신기관의 기능을 조망할 수 있게 해준다.

그러므로 '꿈은 소원성취다'라는 명제에 대한 예외를 여기에서 처음으로 인정해야 할 것이다. 내가 이미 여러 차례 상세하게 입증했듯이 불안 꿈(Angsttraum)은 결코 그런 예외가 아니며, '벌 받는 꿈'도 마찬가지로 예외가 아니다. 벌 받는 꿈들은 다만 금지된 소원성취 대신 그에 대한 응분의 벌을 제시함으로써, 배척당한 욕동에 반응하는 죄의식의 소원성취이기 때문이다. 그러나 앞에서 언급한 사고신경증 환자의 꿈들과 어린 시절의 정신적 외상에 대한 기억을 정신분석 과정에서 다시 불러오는 꿈들은 소원성취의 관점에 포함시킬 수 없다. 오히려 그런 꿈들은 정신분석 과정에서 '암시(Suggestion)'에 의해 조장된 소원, 즉 망각된 것과 억압된 것을 불러내고 싶어 하는 소원의 지지를 받는 반복강박의 조종을 받는다. 그렇다면 방해되는 충동들의 소원성취를 통해 수면을 저지하려는 동기들을 제거하는 꿈 기능 또한 원래의 기능이 아닐 것이다. 꿈은 전체 정신생활이 쾌락원리의 지배를 받아들인 후에야 비로소 자신의 기능을 수행할 수 있었다. '쾌락원리 너머(Jenseits des Lustprinzips)'가 존재한다면, 꿈의 소원성취적인 경향에 대해서도 그에 선행하는 시간을 인정하는 것이 논리에 맞다. 그래도 나중의 꿈 기능에 모순되지 않는다. 다만 꿈의 소원성취적인 경향이 일단 중단되면 또 다른 문제가 제기된다. 즉, 외상적 인상들을 정신적으로 묶어놓기 위해 반복강박을 따르는 꿈들은 정신분석 밖에서도 가능하지 않을까? 이 물음에 대해 전적으로 그렇다고 긍정해야 한다.

'전쟁신경증(Kriegsneurose)'이라는 명칭이 고통의 원인에 대한 관계 이상을 의미한다는 점에서, 나는 전쟁신경증이 자아갈등(Ichkonflikt)을 통해 완화된 외상성 신경증일 가능성이 아주 많다고 다른 자리에서 상세히 설명했다.[28] 나는 외상과 동시에 입은 커다란 신체적 상해가 신경증 발생의 기회를 줄인다고 앞에서 언급했는데, 정신분석학 연구가 강조한 두 가지 상황을 기억한다면 이 말을 충분히 이해할 수 있을 것이다. 첫째, 기계적인 충격을 성적 흥분의 원천들 중 하나로 인정해야 한다(⟨성 이론에 대한 세 편의 논문⟩에서 흔들림과 기차여행의 작용에 대한 설명을 참조하라). 둘째, 고통과 고열을 수반하는 병이 지속되는 동안, 그 병은 리비도의 분배에 막강한 영향을 미친다. 그러므로 외상의 기계적 완력은 일정량의 성적 흥분을 방출할 것이고, 이 흥분은 불안에 대한 대비가 없었던 탓에 외상적 영향을 미치게 된다. 그러나 이와 동시에 신체에 상처를 입게 되면, 고통에 시달리는 기관이 나르시시즘적인 과집중을 요구함으로써 과다한 흥분을 묶을 것이다(⟨나르시시즘 개론⟩ 참조). 또한 우울증 같은 리비도 분배의 심한 장애가 병발성(倂

---

28) ⟨전쟁신경증의 정신분석에 대해 Zur Psychoanalyse der Kriegsneurosen⟩(《국제 정신분석학 총서 Internationale Psychoanalytische Bibliothek》1권, 1919) 의 서문 참조.

發性) 기관 질환에 의해 일시적으로 중단되며, 심지어는 완전히 진행된 조발성 치매(Dementia praecox)의 상태도 동일한 조건에서 잠시 이완될 수 있다는 사실이 잘 알려져 있다. 그러나 리비도 이론을 위해서는 아직까지 충분히 활용되지 않고 있다.

V

내부로부터의 흥분을 막아줄 방어막이 자극을 수용하는 외피층에 결여된 사태는, 이러한 자극의 전달들이 더 큰 경제적 의미를 획득하고 외상성 신경증에 비견할만한 경제적 장애를 빈번히 유발하는 결과를 낳을 것이다. 그런 내적 흥분의 가장 풍부한 원천은 이른바 유기체의 욕동들, 즉 신체 내부에서 유래해 정신기관으로 전달되는 모든 힘작용의 대리자들이다. 그것들은 심리학 연구의 가장 중요한 요소인 동시에 가장 모호한 요소이기도 하다.

욕동에서 비롯되는 충동들이 묶인 신경 과정의 유형이 아니라 자유롭게 움직이며 방출되려고 하는 신경 과정의 유형을 따른다고 가정해도 아마 지나친 생각은 아닐 것이다. 우리가 이러한 과정들에 대해 알고 있는 최선의 것은 꿈 작업에 관한 연구에서 유래한다. 여기에서 우리는 무의식적 체계 안에서의 과정들이 (전)의식적 체계 안에서의 과정들과 근본적으로 다르며 무의식 속에서 에너지 집중은 쉽게 완전히 전달되고 옮겨지고 압축될 수 있는 것을 알아내었다. 이런 일이 만일 전의식적인 재료에서 일어난다면 오로지 결함 많은 결과들만이 발생할 수 있을 것이다. 그 때문에 전의식적인 낮의 잔재들이 무의식의 법칙에 따라 처리된 후에는 외현적 꿈의 잘 알려진 특이한 현상들이 생겨난다. 나는 무의식에서 일어나는 이런 종류의 과정을 깨어 있을 때의 정상적인 삶에 통용되는 2차 과정과 구분하기 위해서 정신적인 '1차 과정'이라고 불렀다. 모든 욕동 충동들이 무의식적 체계에 밀려들기 때문에, 그것들이 1차 과정을 따른다고 말하는 것은 전혀 혁신적인 일이 아니다. 다른 한편으로는 정신적인 1차 과정을 브로이어의 자유롭게 움직이는 에너지 집중과, 2차 과정을 브로이어의 묶이거나 또는 강화시키는 에너지 집중의 변화와 동일시하기는 별로 어려운 일이 아니다.[29] 그러면 1차 과정에 이르는 욕동의 흥분들을 묶는 것

---

29) 내 저서 《꿈의 해석 Traumdeutung》 제 7장 '꿈 과정의 심리학'을 참

은 정신기관의 더 높은 층위에서의 과제일 것이다. 이런 묶는 작업이 실패하게 되면, 외상성 신경증과 유사한 장애가 유발될 것이다. 흥분들을 성공적으로 묶은 후에야 비로소 쾌락원리(그리고 현실원리로 변형된 것)가 아무런 방해 받지 않고서 지배권을 행사할 수 있을 것이다. 그러나 그때까지는 쾌락원리를 반대하지는 않지만 쾌락원리와는 무관하게 그리고 때로는 쾌락원리를 고려하지 않고서 먼저 흥분을 극복하거나 묶는 또 다른 과제가 정신기관에게 주어질 것이다.

우리가 정신분석 치료 체험 및 유아기 정신생활의 초기 활동에서 묘사한 반복강박의 표출은 욕동적인 특성을 많이 드러내며, 쾌락원리에 대립되는 경우에는 악마적인 특성도 보인다. 어린이들이 단순히 수동적인 체험에서 가능한 것 이상으로 훨씬 더 철저하게 강렬한 인상을 극복하려 하기 때문에 놀이에서 불쾌한 체험도 반복하는 것이라고 이해할 수 있다. 아이들은 새롭게 반복할 때마다 그것을 장악하려는 목표에 더 가까이 다가가는 듯 보인다. 또한 아이들은 즐거운 체험의 경우도 마냥 한없이 반복할 수 있으며, 그때마다 같은 인상을 받기를 완강하게 고집한다. 이러한 특성은 나중에 사라지게 되어 있다. 같은 농담을 두 번 듣게 되면 거의 효과가 없으며, 같은 연극을

조하라.

두 번 보게 되면 처음 보았을 때의 인상에 결코 이르지 못한다. 그렇다, 무척 감동적으로 읽은 책을 곧바로 한 번 더 읽어보라고 성인들을 설득하기는 어려울 것이다. 언제나 새로움은 즐거움을 만끽하기 위한 조건일 것이다. 그러나 아이들은 어른이 뭔가를 보여주거나 함께 놀아주면, 어른이 마침내 지쳐서 더는 못한다고 거절할 때까지 그것을 한없이 또 해달라고 조른다. 그리고 재미있는 이야기를 들으면, 새로운 이야기 대신 같은 이야기를 몇 번이고 반복해서 들으려고 한다. 이미 들은 이야기를 그대로 똑같이 반복할 것을 완강하게 고집하며, 이야기를 들려주는 사람이 혹시 새롭게 근사하게 꾸밀 목적으로 내용을 조금만 바꾸어도 번번이 틀렸다고 시정한다. 이것은 쾌락원리에 모순되지 않는다. 반복, 동일한 것의 재발견 자체가 쾌락의 원천을 의미하는 것이 명백하다. 그와 반대로 정신분석 치료를 받는 환자들의 경우에는, 유아기의 사건을 전이 과정을 통해 반복하는 강박이 모든 면에서 쾌락원리를 벗어나는 게 분명해진다. 환자들은 완전히 유아적으로 행동하며, 어린 시절 체험의 억압된 기억 흔적들이 자신 안에 묶여 있지 않는 것을, 말하자면 2차 과정을 수행할 능력이 없는 것을 보여준다. 또한 기억의 흔적들은 이처럼 묶여 있지 않은 탓에 낮의 잔재와 결합하여, 꿈속에서 나타날 수 있는 소원 환상을 형성할 수 있다. 우리가 치료를 끝내면서 의사와의 완전한 분리를 관철하려고 하면, 바로 이 동일한 반복강박이 종종 치료의 장애물로 등장한다. 정신분석에 익숙하지 않은 사람들은 그대로 내버려두는 편이 낫다고 생각하며 깨우길 꺼려하는 뭔가가 있는데, 이런 막연한 불안은 근본적으로 이 악마적인 강박의 등장을 두려워하는 것이라고 가정할 수 있다.

그런데 욕동적인 것은 어떤 식으로 반복강박과 관련 있는가? 지금까지 뚜렷하게 인식되지 않은—아니면 적어도 명확하게 강조되지 않은—욕동들의, 어쩌면 모든 유기체의 보편적인 특성을 찾아냈다는 생각이 여기에서 끈질기게 떠오른다. 즉, **살아있는 유기체에는** 외부의 방해하는 힘의 영향을 받아서 포기할 수밖에 없었던 **과거의 상태를 다시 살려내고 싶은 열망이 내재하는데, 욕동은 바로 이런 열망이고**, 일종의 유기체적인 신축성, 또는 다른 말로 표현하면 유기적인 생명체 내부의 관성의 표출일 것이다.[30]

욕동에 대한 이러한 견해는 의아하게 들린다. 욕동이 변화와 발달을 촉구하는 요인이라는 생각에 익숙해 있는데, 이제

---

30) 나는 '욕동'의 본성에 대해 이와 유사한 추측들이 이미 여러 차례 표명되었다는 사실을 의심하지 않는다.

정반대로 생명체의 **보수적인** 본성의 표현이라고 인정해야 하기 때문이다. 다른 한편으로는 욕동의 역사적인 배경을 입증하는 듯 보이는 동물계의 사례들이 즉각 뇌리에 떠오른다. 많은 생물학자들의 해석에 따르면, 일부 물고기들이 평소의 서식지로부터 멀리 떨어진 특정한 물속에 알을 낳기 위해서 산란기에 힘든 이동을 감행한다면, 그것은 다만 언젠가 새로운 삶의 터전과 바꾸었던 옛 삶의 터전을 찾아가는 것이다. 철새들의 이동도 마찬가지라고 한다. 그러나 유전 현상들 및 발생학의 사실들이 유기체의 반복강박에 대해 더없이 뛰어난 증거를 제공하는 것을 상기하면 더 이상의 사례를 찾을 필요가 없다. 우리는 살아 있는 동물의 배아가 가장 빠른 지름길을 이용해 서둘러 최종 형태에 이르는 대신 그 동물이 유래하는 모든 형태의 구조들을 발달과정에서—잠깐 축약해서라도—반복해야 하는 것을 알고 있다. 그런데 이런 태도의 극히 미미한 부분만을 기계적으로 설명할 수 있을 뿐이며, 역사적인 설명을 배제해서는 안 된다. 똑같은 기관을 새로 만들어 잃어버린 기관을 대체하는 재생 능력 역시 동물계에 널리 퍼져 있다.

반복을 강요하는 보수적인 욕동 이외에 새롭게 형성하고 앞을 향해 전진하라고 촉구하는 또 다른 욕동도 존재한다는 당연한 이의를 물론 고려해야 한다. 우리는 차후에 이 점에 대해서도 살펴볼 것이다. 그러나 그 전에 먼저, 모든 욕동들이 과거의 것을 되살려내려 한다는 가정을 일관성 있게 끝까지 추적해 보고 싶은 생각이 우리를 유혹한다. 그 결과가 '심오한 것'이라는 인상을 일깨우거나 또는 신비적인 것을 연상시킬지라도, 우리는 그런 것에 노력을 기울였다는 비난으로부터 자유로운 것을 알고 있다. 우리는 냉정한 연구 결과나 또는 이 결과에 근거하는 성찰을 추구하며, 그러한 결과나 성찰이 오로지 확실하기만을 바랄 뿐이다.[31]

그러므로 모든 유기체의 욕동이 보수적이고 역사적으로 획득된 것이며 퇴행, 즉 이전 상태의 복구를 지향한다면, 유기체 발달의 결과들은 방해하고 어긋나게 하는 외적 영향에서 비롯되었다고 보아야 한다. 기본적인 생명체는 애초부터 변화하려고 하지 않았을 것이며, 한결같은 상황에서 언제나 동일한 삶의 행로만을 반복했을 것이다. 그러나 우리의 지구 및 지구와 태양 관계의 발달사가 틀림없이 근본적으로 유기체의 발달 과정에서 우리에게 뚜렷한 흔적을 남겼을 것이다. 유기체의 보수적인 욕동은 삶의 행로에 강요되는 이런 모든 변화를 받아들

---

31) 이어지는 내용은 극단적인 사유과정을 전개한 것이며, 추후에 성욕동을 고려하게 되면 제한하고 수정해야 하는 사실을 간과해서는 안 될 것이다.

여서 반복하기 위해 보존했다. 그리고 마치 힘들이 변화와 진보를 지향하는 듯한 인상을 주는 동안, 단순히 옛 목표를 옛 길과 새로운 길을 이용해 도달하려고 한다. 모든 유기체들이 지향하는 이런 궁극적인 목표 역시 설명될 수 있을 것이다. 생명의 목표가 과거에 결코 달성해보지 못한 상태라면, 욕동의 보수적인 본성에 모순될 것이다. 오히려 생명체의 목표는 생명체가 언젠가 두고 떠나왔으며 온갖 발달의 에움길을 거쳐 돌아가려고 애쓰는 옛 상태, 출발상태가 분명하다. 모든 생명체들이 내부적인 원인으로 죽어서 무기체 상태로 돌아가는 것을 예외 없는 경험으로 받아들일 수 있다면, **모든 생명의 목표는 죽음이며 더 거슬러 올라가 생명 없는 것이 생명 있는 것보다 먼저 존재했다**고 말할 수 있다.

언젠가 일찍이 상상하기 어려운 힘의 작용을 통해 생명 없는 물질 속에서 생명체의 특성들이 깨어났다. 아마 그것은 살아 있는 물질의 일부 층에서 훗날 의식을 만들어낸 과정에 본보기가 되는 유사한 과정이었을 것이다. 그 당시 생명 없는 재료 속에서 발생한 긴장은 스스로 해소되려고 했다. 그것은 생명 없는 상태로 되돌아가려는 최초의 욕동이었다. 그 당시 살아 있는 물질에게는 죽는 것이 쉬웠다. 그것은 다만 짧은 생애만을 살았으며 그 생애의 방향은 어린 생명체의 화학적 구조에 의해 결정되었을 것이다. 살아 있는 물질은 그렇게 오랜 시간 동안 거듭 새로이 창조되고 쉽게 죽어갔을 것이다. 그러다 마침내 외부의 결정적인 영향력이 변해서, 살아남은 물질로 하여금 원래의 삶의 행로로부터 점점 더 멀리 벗어나 죽음이라는 목표에 도달하기까지 점점 더 복잡한 에움길을 거치도록 강요했다. 보수적 욕동이 충실하게 붙들고 있는, 죽음에 이르는 에움길은 오늘날 우리에게 생명현상의 모습을 제시할 것이다. 우리가 욕동의 오로지 보수적인 본성만을 고집한다면 생명의 기원과 목표에 대한 다른 추측들에는 이를 수 없다.

우리가 유기체의 생명현상 배후에 있다고 보는 여러 욕동군(欲動群)에 대한 추정도 앞의 추론들 못지않게 낯설게 들릴 것이다. 우리가 모든 살아 있는 존재에게 인정하는 자기보존욕동(Selbsterhaltungstrieb)에 대한 주장은 욕동 생활 전체가 죽음의 초래에 기여한다는 전제조건에 특이하게 대립된다. 자기보존욕동과 권력욕동(Machttrieb), 자기현시욕동(Geltungstrieb)의 이론적 의미는 이런 관점에서 축소된다. 이것들은 무기체로 복귀할 수 있는, 유기체 자체에 내재한 가능성들 이외에 다른 가능성들을 가로막고 유기체 고유의 죽음의 길을 가도록 보장해 주도록 정해진 부분욕동(Partialtrieb)들이다. 그러나 무슨 일이 있어도 자신을 주장하려는 유기체의 노력, 그 어떤 관계에도 부합하지 않는 수수께끼 같은 노력은 배제된다. 유기체가 오로지 자신의 방식으로 죽으려고 하는 것만이 남는다. 또한 이 삶의 파수꾼들은 원래 죽음의 경호원들이었다. 살아 있는 유기체가 빠른 길을 이용해 (이른바 단락(短絡)을 통해) 삶의 목표에 도달하도록 도와줄 수 있는 작용(위험)들에 대해 가장 완강하게 저항한다는 역설이 여기에서 성립된다. 그러나 이런 태도는 지적인 노력에 반대되는 순전히 욕동적인 노력을 특징짓는다.

그러나 우리는 절대 그럴 리가 없다고 생각한다. 신경증 이론이 특별한 위치를 부여할 것을 요구한 성욕동은 완전히 다르게 보인다. 끊임없이 발달하도록 몰아세우는 외적 강요에 모든 유기체가 굴복하는 것은 아니다. 지금까지 낮은 단계를 고수하는데 성공한 유기체들도 많이 있다. 모든 생명체는 아니지만 많은 생명체들이 오늘날까지도 고등동물과 고등식물의 초기 단계와 유사한 삶을 살고 있다. 또한 고등생물의 복잡한 몸을 구성하는 모든 기본적인 유기체들이 자연사에 이를 때까지 모든 발달과정을 함께 하는 것도 아니다. 그 가운데 몇몇은, 즉 생식세포들은 생명체의 원래 구조를 보존하고 있을 가능성이 다분하며, 물려받거나 새로이 습득한 모든 욕동 성향을 짊어진 채 어느 정도 시간이 흐른 후에는 전체 유기체로부터 분리된다. 생식세포들에게 독립적인 존재를 가능하게 해주는 것은 아마 바로 이런 두 가지 특성일 것이다. 생식세포들은 유리한 조건에 이르면 발달하기 시작한다. 다시 말해, 자신들을 생겨나게 해준 과정을 반복하기 시작한다. 생식세포를 이루는 물질의 일부는 끝까지 발달을 계속하는 반면에, 새 생식세포의 잔재인 다른 일부는 발달의 출발점으로 새로이 되돌아가는 것으로 그 과정은 끝을 맺는다. 이렇게 생식세포들은 살아 있는 물질의 죽음을 저지하며, 비록 죽음에 이르는 길을 연장하는 것에 지나지 않을 지라도 그 물질들을 위해서 잠재적인 불멸처럼 보이는 것을 쟁취할 줄 안다. 생식세포들이 자신과 유사하면서도 상이한 다른 생식세포들과의 융합을 통해 그런 기능을 강화 받거나 또는 처음으로 부여받는 사실은 우리에게 극히 의미심장하다.

개체보다 오래 살아남는 이런 기본적인 유기체들의 운명에 주의를 기울이고, 그 유기체들이 외부세계의 자극에 대해 무방비 상태인 경우에는 안전하게 지켜주고, 다른 생식세포들과의 만남을 주선하는 등의 일을 하는 욕동들이 성욕동 그룹을 형성한다. 이 욕동들은 살아 있는 물질의 이전 상태를 복원하려 하기 때문에 같은 의미에서 다른 욕동들처럼 보수적이다. 그러나 외부의 영향에 대해 유난히 저항력 있는 것으로 증명되기 때문에 더욱 강력하게 보수적이다. 그리고 생명 자체를 더 오랜 시간 유지하기 때문에 더 이상의 의미에서 보수적이다.[32] 그것들은 본래의 생명욕동(Lebenstrieb)들이다. 그것들이 죽음에 이르는 기능을 발휘하는 다른 욕동들의 의도에 저항함으로써, 그것들과 나머지 욕동들 사이의 대립이 암시된다. 일찍이 신경증 이론은 이 대립을 의미심장한 것으로 인식했다. 그것은 유기체의 삶에서 망설임의 리듬 같은 것이다. 한 욕동 그룹은 가능한 한 빨리 삶의 최종 목표에 도달하기 위해서 앞으로 돌진한다. 다른 욕동 그룹은 일정한 지점에서 한 번 더 출발해 그 길을 연장하기 위해서 모종의 지점에 이르러 뒤로 세차게 튕겨 나간다. 그러나 삶의 출발점에서 성(性)과 성별의 차이가 확실히 존재하지 않았을지라도, 나중에 성적이라고 일컬어질 수 있는 욕동들은 처음부터 활동했으며 '자아욕동(Ichtrieb)'의 작용에 대한 대항은 늦은 시점에 비로소 시작한 것이 아닐 수도 있다.[33]

이런 모든 사변들에 근거가 없는 것은 아닌지 알아보기 위해서 이제 처음으로 직접 되돌아가 보자. **성욕동을 제외하면,**

---

32) 그러나 이것들은 우리가 오로지 '진보'와 상승 발달을 향한 내적 경향에 대해서만 요구할 수 있는 욕동들이다!

33) 여기서 '자아욕동'이 정신분석 최초의 명명을 좇아 잠정적인 명칭으로 사용되고 있음을 문맥상 이해해야 할 것이다.

이전 상태를 반복하려고 하는 욕동들 말고 다른 욕동들은 실제로 존재하지 않는가? 또한 아직 이르지 못한 것을 추구하는 다른 욕동들은 존재하지 않는가? 나는 우리가 제시한 특성에 모순되는 확실한 사례를 유기체의 세계에서 보지 못했다. 고도로 발달하려는 경향을 실제로 반박할 수 없다고 할지라도, 그런 발달을 추구하는 보편적인 욕동을 동물 및 식물의 세계에서 분명하게 확인할 수 없다. 그러나 한편으로는 우리가 하나의 발달단계를 다른 발달단계보다 더 고차원적인 것으로 선언한다면, 그것은 여러모로 평가의 문제일 뿐이다. 다른 한편으로 생물학은 어느 한 면에서의 발전은 흔히 다른 면에서의 퇴행을 대가로 치르던지 아니면 상쇄하는 것을 보여준다. 또한 어렸을 때의 상태로 보아서 발달이 오히려 퇴행적인 특성을 띠는 동물의 형태들도 충분히 있다. 발달과 퇴화는 적응을 촉구하는 외적 힘의 두 가지 결과일 수 있으며, 두 경우 모두에서 욕동의 역할은 강요된 변화를 내적 쾌락의 원천으로서 붙잡아두는 것에 국한될 수 있다.[34]

---

34) 페렌치는 다른 경로로 이와 동일한 견해의 가능성에 도달했다. 〈현실 감각의 발달 단계들(Entwicklungsstufen des Wirklichkeitssinnes)〉 (《국제 정신분석학 잡지(Internationale Zeitschrift für Psychoanalyse》, 1권, 1913), 137쪽) 참조.
"이러한 사유과정을 일관성 있게 좇게 되면, 유기체의 삶을 지배하는 관성

우리 가운데 많은 이들은 완성을 추구하는 욕동이 인간의 내면에 깃들어 있다는 믿음을 포기하기 어려울 것이다. 이러한 욕동에 힘입어 인간은 현재의 높은 정신적 업적과 윤리적 승화의 경지에 이르렀으며, 또한 앞으로도 위버멘쉬(Übermensch)[35]를 향한 발전을 기대할 수 있다는 것이다. 그러나 나는 그런 내적 욕동을 믿지 않으며, 이런 산뜻한 환상을 보호해야 할 방도도 알지 못한다. 인간의 지금까지의 발달을 동물의 발달과 다르게 설명해야 할 필요가 없는 듯 보인다. 소수의 인간 개체에게서 더욱더 완전해지고 싶은 부단한 열망으로 보이는 것을 욕동 억압의 결과로서 자연스럽게 이해할 수 있다. 인간 문화의 가장 가치 있는 것은 이런 욕동 억압에 토대를 두고 있다. 억압된 욕동은 완전한 만족을 추구하는 것을 결코 포기하지 않는데, 이 완전한 만족은 최초의 만족 체험을 반복하는 데 있을 것이다. 억압된 욕동을 다른 것으로 대체하거나 반대하거나 승화시키는 것으로는 그 지속적인 긴장을 해소하기에 충분치 못하

의 경향 내지는 퇴행의 경향에 대한 생각에 친숙해질 수밖에 없다. 그 반면에 지속적인 발달과 적응 등의 경향은 오로지 외적 자극에 의해서만 활발해진다."

35) 니체가 창안한 개념으로, 자신을 극복하고 지상의 주인이 될 수 있는 이상적 인간을 일컫는다.

다. 획득된 만족 쾌락과 요구된 만족 쾌락 사이의 차이에서, 현재 만들어진 상황을 고수하기보다는 시인의 말대로 "무작정 앞으로 나가려 하는"(괴테의 《파우스트》 제1부, '서재', 메피스토펠레스의 말) 추진력이 생겨난다. 완전한 만족을 향해 역행하는 길은 억압을 고집하는 저항에 의해 일반적으로 차단된다. 따라서 아직 자유로운 다른 발달방향으로 전진하는 것 말고는 다른 도리가 전혀 없다. 그러나 이 과정을 완결하고 목표에 도달할 수 있는 가망성은 없다. 신경증적 공포증은 다름 아닌 욕동 만족으로부터 도피하려는 시도이며, 신경증적 공포증이 형성되는 과정은 이 외견상 '완전을 향한 욕동' 발생의 본보기를 제시한다. 그러나 우리는 이런 욕동이 모든 인간 개체에게 있다고는 믿지 않는다. 이것을 위한 역동적 조건은 아주 보편적으로 존재하지만, 경제적 관계들이 이런 현상을 비호하는 경우는 극히 드문 듯 보인다.

　유기체를 점점 더 큰 단위로 통합하려는 에로스의 노력이 인정받지 못한 '완전을 향한 욕동'을 대신할 개연성에 대해 한 마디 암시해야 한다. 억압의 작용과 힘을 합해 이것은 '완전을 향한 욕동'의 탓으로 돌려지는 현상들을 설명할 수 있을 것이다.

VI

지금까지 우리는 '자아욕동'과 성욕동 사이의 첨예한 대립을 제시하고 자아욕동은 죽음 쪽으로, 성욕동은 생명의 연속 쪽으로 밀어붙였는데, 이러한 결과는 확실히 여러 방면으로, 만족스럽지 못할 것이다. 게다가 실제로 우리는 오로지 자아욕동에 대해서만 반복강박에 상응하는 보수적인 욕동 특성, 아니 퇴행적인 욕동 특성을 요구할 수 있었다. 우리의 가정에 따르면, 자아욕동은 생명 없는 물질이 생명을 얻게 된 것에서 유래하며 생명 없는 상태를 다시 복구하려 하기 때문이다. 그에 비해 성욕동들은 생물체의 원시적인 상태를 재생하는 것이 명백하다.

성욕동들이 온갖 수단을 동원해서 추구하는 목표는 일정한 방식으로 분화된 두 생식세포의 융합이다. 이러한 결합이 성사되지 않으면, 생식세포는 다세포 유기체의 모든 다른 요소들처럼 죽음을 맞이한다. 오로지 이런 조건하에서만 성적 기능은 생명을 연장시키고 생명에 불멸의 외관을 부여할 수 있다. 그러나 살아 있는 물질의 발달 과정에서 어떤 중요한 사건이 성적 번식에 의해 또는 그것의 선구, 즉 원생생물 두 개체의 교미에 의해 반복되는가? 우리는 여기에 대해 할 말이 없으며, 이 때문에 우리의 전체 사상구조가 잘못된 것으로 알려진다면 안도감을 느낄 것이다. 그러면 자아(죽음)욕동과 성(생명)욕동의 대립도 사라지고, 반복강박도 부여받은 의미를 상실할 것이다.

  그러므로 우리가 내세운 가설이 정확하게 반박될 수 있을 것이라는 기대를 품고서 그 가설로 돌아가 보자. 우리는 모든 생명체가 내적인 원인에서 죽을 수밖에 없다는 전제조건을 토대로 추론을 전개했다. 우리는 아주 여유 있게 이런 가설을 제시했다. 이 가설이 우리에게는 가설로 여겨지지 않기 때문이다. 우리는 우리의 시인들이 이 점에서 우리를 지지한다고 생각하는 데 익숙해 있다. 이렇게 믿으면 위로가 되기 때문에 아마 이렇게 믿기로 결심했을 수 있다. 인간은 언젠가는 죽어야 하고 그 전에 사랑하는 이들을 죽음을 통해 잃어야 한다면, 혹시 피할 수 있었을 우연보다는 차라리 냉엄한 자연법칙, 필연성(αvάγκη)에 굴복하려고 한다. 그러나 죽음의 내적 규칙성에 대한 이런 믿음은, 다만 우리가 '현존재의 무거움을 감내하기'[36] 위해 만들어낸 또 하나의 환상에 지나지 않을지도 모른다. 그 믿음은 물론 근원적인 것이 아니다. '자연적인 죽음'이라는 생각은 원시 종족들에게 낯선 것이다. 그들은 자신들 사이에서 일어나는 모든 죽음을 적이나 사악한 정령들의 영향 탓으로 돌린다. 그러므로 그 믿음을 검증하기 위해서 부지런히 생물학에 조언을 청해보자.

그런데 막상 생물학에 조언을 구하면, 자연사(自然死)의 문제에 있어서 생물학자들의 이견이 얼마나 분분하며 죽음의 개념이 그들의 손아귀에서 어떻게 스르르 녹아 없어지는지 놀라지 않을 수 없다. 적어도 고등동물의 경우에 일정한 평균수명이 있다는 사실은 물론 내적 원인에서 비롯되는 죽음을 지지하지만, 몇몇 커다란 동물들과 거대한 수목들이 지금까지 헤아리기 어려울 정도로 매우 높은 수령에 이른 상황은 다시 이러한

---

[36] 독일의 시인이며 극작가인 프리드리히 실러의 희곡 《메시나의 신부》에 나오는 구절.

인상을 파기한다. W. 플리스[37]의 웅대한 구상에 따르면, 유기체의 모든 생명 현상들은—그리고 물론 죽음도—일정한 기간을 채워야 하는 의무가 있으며, 이 기간 동안에 남성적인 물질과 여성적인 물질, 이 두 살아 있는 물질들이 태양의 순환에 의존하는 사실이 드러난다. 그러나 외부 힘의 영향이 특히 식물계의 생명현상을 시간의 흐름 속에서 얼마나 쉽게 그리고 얼마나 폭넓게 변화시키거나 촉진하거나 저지할 수 있는지 관찰해 보면, 플리스 공식의 경직성에 의구심이 들고 적어도 플리스가 제시한 법칙만이 지배하는 것은 아니라는 회의가 든다.

A. 바이스만[38]이 다룬 유기체의 수명과 죽음이라는 주제(1882, 1884, 1892 등)[39]가 무엇보다도 우리의 많은 관심을 끈다. 바이스만은 살아 있는 물질을 죽는 부분과 죽지 않는 부분으로 양분했다. 죽는 부분은 좁은 의미에서의 몸, 즉 체세포이

---

37) 빌헬름 플리스 Wilhelm Fließ(1858-1928): 독일의 생물학자로 프로이트의 절친한 친구였다.(—옮긴이)

38) 아우구스트 바이스만 August Weismann(1834-1914): 독일의 생물학자이며 신다위니즘의 창시자로 간주된다.(—옮긴이)

39) 바이스만의 《생명의 지속에 대하여 Über die Dauer des Lebens》(1882), 《생명과 죽음에 대하여. Über Leben und Tod》(1884), 《생식질 Das Keimplasma》(1892) 등 참조.

며, 오로지 이것만이 자연사의 지배를 받는다. 그러나 생식세포는 모종의 유리한 조건에서 새로운 개체로 발달하거나 또는 다른 말로 표현해 새로운 체세포로 자신을 감쌀 수 있다는 점에서 잠재적으로 불멸이다.[40]

우리가 다른 경로로 전개한 견해와 뜻밖에도 유사한 점이 여기에서 우리의 관심을 사로잡는다. 살아 있는 물질을 형태학적으로 고찰하는 바이스만은, 죽음에 귀속되는 성분인 체세포, 즉 성물질 및 유전물질을 제외한 몸과 죽지 않는 부분, 즉 종족 보존 및 번식에 기여하는 생식질을 살아 있는 물질 안에서 구별한다. 우리는 살아 있는 물질이 아니라 그 물질 안에서 활동하는 힘들에 초점을 맞추었으며, 욕동의 두 종류, 즉 생명을 죽음으로 이끌려고 하는 욕동과 삶을 몇 번이고 새롭게 해서 관철시키려고 하는 성욕동을 구분하는 것에 이르렀다. 이것은 바이스만의 형태학적 이론의 역동적이고 필연적인 결론처럼 들린다.

그러나 바이스만이 죽음의 문제에 대해서 어떤 결정을 내렸는지 알게 되면, 의미심장한 일치점으로 보였던 것은 순식간에 사라져버린다. 바이스만은 죽는 체세포와 죽지 않는 생

---

40) 바이스만의 《생명과 죽음에 대하여》 참조.

식질을 비로소 다세포 유기체에서 구분하며, 단세포동물에게서는 개체와 생식세포가 아직 하나라고 보기 때문이다.[41] 그래서 그는 단세포동물이 잠재적으로 불멸이라고 설명한다. 죽음은 비로소 다세포동물에게서 나타난다는 것이다. 고등생물체의 이런 죽음은 물론 자연사, 즉 내적 원인에서 비롯되는 죽음이지만, 살아 있는 물질의 근원적인 특성에 기인하지 않으며[42] 생명의 본성에 근거하는 절대적 필연성이라고 볼 수 없다는 것이다.[43] 죽음은 오히려 합목적적인 장치, 삶의 외적 조건에 적응하는 현상이다. 신체세포가 체세포와 생식질로 분리되는 순간부터 개체의 무한한 수명은 전혀 합목적적이지 않은 사치가 될 것이기 때문이다. 다세포동물에게 이런 분화가 등장함으로써 죽음은 가능해졌으며 합목적적인 것이 되었다. 그 이래로 고등 생물체의 체세포는 내적인 이유에서 일정한 시기에 죽지만, 원생생물은 불멸의 상태로 남아 있다. 그에 비해서 번식은 죽음과 더불어 처음 도입된 것이 아니라 번식의 토대를 이루는 성장처럼 오히려 살아 있는 물질의 근원적인 특성이다. 생명

---

41) 바이스만의 《생명의 지속에 대하여》, 38쪽 참조.

42) 바이스만의 《생명과 죽음에 대하여》 1892^2, 67쪽 참조.

43) 바이스만의 《생명의 지속에 대하여》, 33쪽 참조.

은 지구상에서 처음 시작되었을 때부터 연속적인 것이었다.[44]

고등생물체의 자연사를 인정하는 것이 우리의 주제에 별로 도움이 되지 않는 사실을 쉽게 알 수 있다. 죽음이 생명체가 나중에 취득한 것이라면, 지구상에 생명이 존재한 순간부터 유래한 죽음 욕동은 더 이상 고려의 대상이 아니다. 다세포생물은 어쨌든 내적인 이유에서, 즉 분화되지 못했거나 또는 신진대사가 완전하지 못한 탓에 죽을 것이다. 이것은 우리가 다루는 문제에는 관심이 없다. 죽음에 대한 이런 식의 추론과 견해는 '죽음욕동'이라는 생소한 가정보다는 물론 인간의 익숙한 사고에 훨씬 더 가깝다.

나는 바이스만의 주장에 동조하는 논의가 그 어느 방향에서도 결정적인 것을 밝혀내지 못했다고 판단한다.[45] 많은 저자들이 죽음을 번식의 직접적인 결과라고 보는 괴테의 관점으로

---

44) 바이스만의 《생명과 죽음에 대하여》, 결론 참조.

45) 막스 하르트만(Max Hartmann)의 《죽음과 생식(Tod und Fortpflanzung)》(1906), 알렉스 립쉬츠(Alex Lipschütz)의 《왜 우리는 죽는가(Warum wir sterben)》(1914), 프란츠 도플라인(Franz Doflein)의 《식물과 동물에 있어서 죽음과 불멸의 문제(Das Problem des Todes und der Unsterblichkeit bei den Pflanzen und Tieren)》(1919) 참조.

[46] 돌아갔다. 하르트만은 죽음을 '사체', 즉 살아 있는 물질의 죽은 부분의 출현으로 특징짓는 것이 아니라 '개체 발달의 종결'로 정의한다. 이런 의미에서는 원생동물들도 죽는다. 원생동물들에게서 죽음은 항상 생식과 일치하지만 생식을 통해 어느 정도 은폐된다. 부모세대의 모든 물질이 직접 고스란히 후손세대의 개체에게로 옮겨지기 때문이다.

그 직후에 학자들의 관심은 단세포생물의 살아 있는 물질이 죽지 않는다는 주장을 검증하는 데 모아졌다. 미국의 우드러프(Woodruff)는 두 개체로의 분열을 통해 번식하는 섬모성 적충류 '짚신벌레'를 배양했으며, 번번이 새로 생겨난 두 부분 중의 하나를 따로 떼어내어 신선한 물에 넣고 주의 깊게 관찰했다. 그는 3029번째 세대까지 관찰하다가 실험을 중단했다. 제1세대 짚신벌레의 먼 후손은 선조와 마찬가지로 싱싱했으며 노화나 퇴화의 징후를 전혀 보이지 않았다. 따라서 이러한 수치를 증명할 수만 있다면, 단세포생물의 불멸성을 실험으로 입증할 수 있는 듯 보였다.[47]

---

46) 괴테의 《죽음의 근원에 대하여 Über den Ursprung des Todes》(1883) 참조.

47) 이 부분과 이어지는 부분에 대해서는 립쉬츠의 《왜 우리는 죽는가》, 26쪽과 52쪽 이하 참조.

다른 연구자들은 다른 결과에 이르렀다. 우드러프와는 반대로 모파스(Maupas)와 캘킨스(Calkins) 등은 적충류들도 일정한 원기를 보강해주지 않으면 일정한 횟수의 분열 후에는 약해지고 크기가 줄어들고 조직의 일부가 소실되고 그러다 마침내 죽는 것을 발견했다. 따라서 원생동물도 고등동물과 마찬가지로 노쇠 단계가 지나면 죽는다는 것이다. 이것은 살아 있는 유기체가 나중에 죽음을 획득했다고 보는 바이스만의 주장과 완전히 대립된다.

이러한 연구들의 맥락에서 우리는 우리에게 확고한 발판을 제공하는 듯 보이는 두 가지 사실을 도출할 수 있다. 첫째, 두 마리의 짚신벌레가 아직 노화의 징후를 드러내지 않은 시점에 서로 결합해서 '교미'할 수 있다면—그 얼마 후에 다시 갈라진다—그것들은 노화를 모면하고 '젊어진다.' 그러나 이 교미는 분명 고등생물체의 성적 생식의 선구이다. 이것은 증식과는 아직 아무 관련이 없으며, 두 개체의 물질이 혼합되는 것으로 그친다(바이스만의 양성혼합(Amphimixis). 그러나 특정한 자극제, 영양액 배합의 변화, 온도 상승, 또는 흔들어주는 것으로도 교미의 보강작용을 대체할 수 있다. 보통은 수정 후에만 나타나는 성게 알의 분열 과정을 특정한 화학 자극을 통해 유발한

J. 러브[48]의 유명한 실험을 상기해보라.

둘째, 그러나 적충류는 고유의 생명 과정을 통해 자연사에 이를 가능성이 다분하다. 우드러프의 결과와 다른 사람들의 결과 사이의 모순은, 우드러프가 모든 새로운 세대에 신선한 영양액을 공급한 것에서 비롯되기 때문이다. 우드러프도 영양액을 공급하지 않으면, 다른 연구자들과 마찬가지로 세대들의 노화 현상을 확인할 수 있었다. 그는 짚신벌레들이 주변의 액체에 배출한 신진대사 산물에 의해 손상을 입는다고 추론했다. 그리고는 짚신벌레 세대를 죽음으로 이끄는 것은 오로지 짚신벌레 자신의 신진대사 산물이라고 설득력 있게 증명할 수 있었다. 자신들의 영양액 속에 모여 있었더라면 죽음을 면치 못했을 짚신벌레들이 거리가 먼 유사종의 배설물로 넘치는 용액 속에서는 아주 번성했기 때문이다. 그러므로 적충류는 내버려두면 자신들의 신진대사 산물을 제대로 처리하지 못하는 탓에 자연사를 맞이한다. 그러나 아마 모든 고등동물들도 근본적으로 이런 이유에서 죽을 것이다.

원생동물을 연구해서 자연사에 대한 물음을 해결하는 것이

---

48) 자크 러브 Jacques Loeb(1859~1924): 독일 태생의 미국 실험생물학자, 생리학자.(―옮긴이)

도대체 무슨 목적에 도움이 되느냐는 의심이 우리를 덮칠 수 있다. 그 생물들의 원시적인 조직은 그 자체에서도 발생하지만 비로소 고등동물들에게서 형태론적으로 표현되어 인식될 수 있는 중요한 관계들을 우리에게 숨기고 있을 수 있다. 우리가 형태론적인 관점을 떠나서 역동적인 관점을 취하게 되면, 원생동물의 자연사를 입증할 수 있고 없고의 문제는 전반적으로 중요하지 않을 수 있다. 원생동물의 경우에는 죽지 않는 것으로 나중에 인식된 물질과 죽는 물질이 전혀 분리되어 있지 않다. 생명을 죽음으로 이끌려고 하는 욕동의 힘이 원생동물 안에서도 처음부터 작용할 수 있지만, 그 힘의 작용은 생명을 유지하는 힘들의 작용에 의해 은폐되어서 그것을 직접 증명하기는 매우 어려울 수 있다. 물론 우리는 생물학자들의 관찰 결과에 힘입어 원생생물의 경우에도 죽음에 이르는 내적 과정을 가정할 수 있다고 들었다. 그러나 바이스만의 의미에서 원생생물은 죽지 않는 것으로 증명된다 할지라도, 죽음이 나중에 취득된 것이라는 그의 주장은 죽음의 외현적인 표현에만 해당될 뿐 죽음을 촉구하는 과정에 대한 가정을 파기하지는 않는다. 생물학이 죽음의 욕동을 철저하게 반박할 것이라는 우리의 기대는 이루어지지 않았다. 우리는 그 밖에도 그럴만한 근거가 있다면, 앞으로도 계속 그 가능성에 관심을 기울일 수 있다. 그러나 바이스만이 체세포와 생식질을 구분한 것과 우리가 죽음욕동과 생명욕동을 분리한 것 사이의 뚜렷한 유사성은 계속 유지되어 그 가치를 인정받는다.

욕동생활의 특별한 이원론적 견해에 대해 잠시 살펴보자. 헤링(E. Hering)의 이론에 의하면, 살아 있는 물질 안에서 끊임없이 대립된 방향으로 진행되는 두 가지 과정이 있는데, 하나는 구성하는 동화적 과정이고 다른 하나는 해체하는 이화적 과정이다. 우리는 이 두 방향의 삶의 과정이 우리의 두 욕동충동, 즉 생명욕동과 죽음욕동에 대한 증명이라고 과감하게 인정할 것인가? 그러나 여기에서 숨길 수 없는 또 다른 일이 있다. 우리의 배는 뜻밖에도 쇼펜하우어 철학의 항구에 들어섰다. 쇼펜하우어에게 죽음은 '진정한 결과'이고[49] 이런 점에서 삶의 목적이지만, 성욕동은 삶을 향한 의지의 구현이다.

여기에서 대담하게 한 걸음 더 나아가보자. 일반적인 견해에 따르면, 수많은 세포들을 하나의 생명 연합으로 결합하는 것, 즉 유기체의 다세포성은 유기체들의 수명을 연장하기 위한 수단이 되었다. 한 세포가 다른 세포들의 생명을 유지하도

---

49) 쇼펜하우어의 〈개개인의 운명에서 외관상의 고의성에 대하여(Über die anscheinende Absichtlichkeit im Schicksale des Einzelnen)〉, 그로스헤어초크 빌헬름 에른스트 본, 4권, 268쪽.

록 도와주며, 개개의 세포들은 죽을지라도 세포 집단은 계속해서 살 수 있다. 우리는 두 단세포생물의 일시적인 융합인 교미도 양측의 생명을 유지해주고 젊어지게 하는 효과를 발휘한다고 들었다. 따라서 정신분석학에서 확립된 리비도 이론을 세포들의 상호 관계에 응용해볼 수 있을 것이다. 다시 말해 다른 세포들을 대상으로 삼아서 그 세포들의 죽음욕동, 즉 죽음욕동에 의해 자극받은 과정들을 부분적으로 무효화시키고 생명을 유지시켜주는 것은 각기 세포에서 활동하는 생명욕동이나 성욕동이라고 생각할 수 있을 것이다. 그러는 동안 다른 세포들도 그 세포들을 위해서 똑같은 일을 하고 또 리비도 기능을 수행하면서 스스로를 희생한다. 생식세포들 자체는 완전히 '나르시시즘적'으로 행동할 것이다. 개인이 자아 안에 리비도를 보유하고서 대상 에너지 집중(Objektbesetzung)을 위해 리비도를 조금도 내어주지 않는 경우에, 신경증 이론에서는 통상 나르시시즘적이라고 표현한다. 생식세포들은 훗날의 중대한 건설적 행위에 대비하기 위해서, 스스로를 위해서 리비도, 즉 생명욕동의 활동을 필요로 한다. 유기체를 파괴하는 악성종양 세포들도 이와 동일한 의미에서 아마 나르시시즘적이라고 설명할 수 있을 것이다. 병리학은 그 세포들의 배아를 타고나는 것으로 여기며 그것들에게 태아적 특성을 인정할 준비가 되어 있다.

그러므로 우리의 성욕동의 리비도는 모든 살아있는 것들을 결속시키는, 시인과 철학자의 에로스와 일치할 것이다.

이것을 계기로, 우리의 리비도 이론의 느린 발달과정에 대해 한번 살펴보자. 전이신경증의 분석은 먼저 우리로 하여금 대상을 향하는 '성욕동들'과 우리가 아직 충분히 인식하지 못해서 잠정적으로 '자아욕동'이라고 일컫는 다른 욕동들 사이의 대립에 주목하도록 강요했다. 이 욕동들 가운데 개체의 자기 보존에 기여하는 욕동들을 우선적으로 인정해야 했다. 그리고 또 다른 어떤 구분을 해야 할지는 알 수 없었다. 올바른 심리학을 확립하는 데, 욕동의 공통적인 본성 및 혹시 있을지도 모를 개별적인 특수성에 대한 대강의 통찰만큼 중요한 인식은 없었을 것이다. 그러나 심리학의 이 분야만큼 어둠 속을 헤맨 분야는 또 없었다. 모두들 제각기 마음 내키는 대로 많은 욕동들 혹은 '기본 욕동들'을 제시했으며, 마치 고대 그리스의 자연철학자들이 물, 불, 흙, 공기의 4대 원소를 다루듯이 그 욕동들을 다루었다. 욕동에 대해 어떤 식으로든 가설을 내세우지 않을 수 없었던 정신분석학은 맨 먼저 '굶주림과 사랑'이라는 말을 본보기 삼아서 욕동의 통속적인 구분에 의지했다. 그것은 적어도 새로운 자의적 행위는 아니었다. 그것을 이용해 정신신경증 분석은 상당히 진척을 보았다. 물론 '성생활(Sexualität)'—그리고 이와 더불어 성욕동—의 개념이 확대될 수밖에 없었고, 결국 생식기능으로 분류되지 않는 많은 것들이 포함되기에 이르렀다. 그러자 근엄하고 고상하거나 아니면 단순히 위선적인 세상에서 일대 소동이 일었다.

정신분석학은 심리학적 자아에 더듬더듬 가까이 접근하면서 앞으로 한 단계 진척했다. 처음에 심리학적 자아는 억압하고 검열하고 방어물을 설치하고 반응할 수 있는 기관으로만 정신분석학에 알려져 있었다. 비판적 안목과 선견지명을 갖춘 사람들은 대상을 향한 성욕동 에너지로 리비도 개념을 국한하는 것에 이미 오래 전부터 이의를 제기했다. 그러나 그들은 어떻게 그런 깊은 인식에 이르렀는지에 대해서는 제대로 설명하지 못했으며, 또한 그런 인식으로부터 정신분석에 유용한 것을 이끌어내지도 못했다. 정신분석학은 좀 더 신중하게 앞을 향해 나아가는 가운데, 리비도가 얼마나 규칙적으로 대상으로부터 멀어져서 자아를 향하는지(내향성 Introversion) 주목하게 되었다. 그리고 초기 단계에서의 어린이들의 리비도 발달을 연구하면서, 자아야말로 리비도의 근원적이고 진정한 저장소이며 이 저장소로부터 비로소 리비도가 대상을 향해 뻗어나가는 것을 통찰하게 되었다. 자아는 성적 대상들 사이에 등장했으며, 그 가운데 가장 고상한 것으로 즉시 인정받았다. 리비도가 그렇게 자아 안에 머무르면 나르시시즘적이라고 불렸다.[50] 이 나르시시즘적 리비도는 물론 정신분석적 의미에서 성욕동의 힘의 표현이었으며, 우리는 이 성욕동을 처음부터 인정받은 '자기보존욕동'과 동일시해야 했다. 따라서 자아욕동과 성욕동 사이의 근원적인 대립은 불충분한 것으로 드러났다. 자아욕동의 일부는 리비도적인 것으로 인식되었다. 자아 안에서—필시 다른 욕동들과 더불어—성욕동도 작용했다. 그러나 정신신경증이 자아욕동과 성욕동 사이의 갈등에 기인한다는 옛 공식은 오늘날 비난받을 만한 점이 전혀 없다고 정당하게 말할 수 있다. 이 두 욕동 사이의 차이는 원래 어떤 식으로든 질적인 것이었지만, 이제는 다르게, 즉 **지형학적으로** 규정해야 한다. 특히 정신분석학 고유의 연구 대상인 전이신경증은 자아와 리비도적 대상 에너지 집중 사이에서 벌어지는 갈등의 결과로 남아 있다.

이제 우리는 자기보존욕동의 리비도적 특성을 그만큼 더 강조해야 한다. 여기에서 과감하게 한 걸음 더 나아가, 모든 것을 유지하는 에로스로서 성욕동을 인식하고 체세포들을 한데 밀착시키는 리비도 기여로부터 자아의 나르시시즘적 리비도

---

50) 프로이트의 〈나르시시즘 개론 **Zur Einführung des Narzißmus**〉(정신분석 연감, 6권, 1914) 참조.

를 도출하려 하기 때문이다. 그런데 여기에서 갑자기 다음과 같은 문제가 부각된다. 자기보존욕동들도 리비도적 본성을 지니고 있다면, 우리에게는 아마 리비도적 욕동 말고 다른 욕동들은 전혀 존재하지 않을 수 있다. 적어도 다른 욕동들이 보이지 않는다. 그렇다면 정신분석학이 **모든 것**을 성생활에 의해 설명한다고 처음부터 예상한 비판가들이나 또는 성급하게 리비도를 일반적으로 '욕동의 힘'이라는 뜻으로 사용한 융과 같은 혁신론자들의 말이 옳다고 인정하지 않을 수 없다. 그렇지 않은가?

그러나 이러한 결과는 우리의 의도가 아니었다. 오히려 우리는 자아욕동=죽음욕동과, 성욕동=생명욕동 사이의 예리한 구분으로부터 출발했다. 심지어는 자아의 자기보존욕동이라고 불리는 것도 죽음욕동에 포함시킬 준비가 되어 있었는데, 나중에 그런 생각을 정정하고 철회했다. 우리의 견해는 처음부터 **이원론적인** 것이었으며, 그 대립들을 자아욕동과 성욕동이 아니라 생명욕동과 죽음욕동이라고 부르게 된 후로는 예전보다 더 단호하게 이원론적이 되었다. 그에 비해서 융의 리비도 이론은 일원론적이다. 융이 자신이 내세운 유일한 욕동의 힘을 리비도라고 부른 것은 분명 혼란을 야기했지만, 우리에게는 더 이상 영향을 미치지 않을 것이다. 우리는 리비도적인 자기보존욕동 이외에 다른 욕동들도 자아 안에서 작용하고 있다고 추측한다. 다만 그런 욕동들을 보여줄 수 있어야 한다. 자아분석에 거의 진척이 없어서 그것을 입증하기가 참으로 어려운 것이 유감일 뿐이다. 그러나 자아의 리비도적 욕동들은 우리에게 아직 낯선 다른 자아욕동들과 특수한 방식으로 결합되어 있을 것이다. 우리가 나르시시즘을 명확하게 인식하기 이전에 이미 정신분석학은 '자아욕동'이 리비도적 성분들을 자신에게로 끌어들인다고 추측했다. 그러나 이것은 매우 불확실한 가능성이고, 우리의 반대자들은 그런 가능성을 전혀 고려하지 않을 것이다. 우리의 정신분석학이 지금까지 오로지 리비도적 욕동만을 증명할 수 있었던 것이 걸림돌로 작용한다. 그렇다고 우리는 다른 욕동들이 존재하지 않는다는 결론에 동조할 생각은 없다.

욕동 이론이 현재 명확하게 밝혀지지 않은 상황에서, 어떤 식으로든 사태를 설명해줄 것으로 예상되는 생각을 배척하는 것은 현명하지 못한 처사이다. 우리는 생명욕동과 죽음욕동이라는 커다란 대립관계에서 출발했다. 대상애(Objektliebe, 對象愛)[51] 자체가 우리에게 제2의 그런 양극성, 사랑(애정)과 증오

---

51) 자기애(自己愛)에 대응하는 정신분석학적 용어로, 리비도가 대상을 향하는 경우를 일컫는다.(―옮긴이)

(공격)의 양극성을 보여준다. 우리가 이 두 가지 대립관계를 서로 연결 지어서 한 대립관계를 다른 대립관계로 소급할 수만 있다면 얼마나 좋겠는가! 우리는 예전부터 성욕동의 사디즘적인 요소를 인정했다.[52] 우리가 알고 있는 바와 같이, 그 사디즘적인 요소는 독립해서 성도착증(Perversion)이 되어 한 인간의 모든 성적 성향을 지배할 수 있다. 그것은 내가 '전성기적(前性器的) 조직'이라고 부른 것에서도 주도적인 부분욕동으로 등장한다. 그런데 생명을 유지하는 에로스로부터 대상의 손상을 목표로 하는 사디즘적 충동을 어떻게 도출해 낼 수 있는가? 이 사디즘은 원래 나르시시즘적 리비도의 영향을 받아서 자아에게 배척당했다가 대상에게서 비로소 나타나는 죽음 욕동이라고 가정할 수 있지 않을까? 그러면 사디즘은 성기능을 위해 일한다. 리비도의 구강기(口腔期)에서 사랑의 장악은 아직 대상의 파괴와 일치한다. 사디즘적 욕동은 나중에 분리되며, 그러다 마침내 성기 우위의 단계에서 생식을 목적으로 성행위를 수행하는데 필요한 만큼 성적 대상을 제압할 수 있는 기능을 받아들인다. 그렇다, 우리는 자아에게서 축출당한 사디

---

52) 《성 이론에 대한 세 논문(Drei Abhandlungen zur Sexualtheorie)》 (1905) 참조.

즘이 성욕동의 리비도적인 요소들에게 길을 알려주었다고 말할 수 있을 것이다. 이 리비도적 요소들은 나중에 대상에게로 몰려간다. 원래의 사디즘이 완화되어 융해되지 않는 경우에는, 사랑생활에서 잘 알려진 사랑과 증오의 양가감정(Ambivalenz)이 생겨난다.

이렇게 가정할 수 있다면, 죽음욕동의—물론 위치가 바뀌긴 했지만—사례를 제시하라는 요구는 충족되었을 것이다. 그러나 이런 견해는 아직까지 전혀 명료하다고 할 수 없으며, 그저 신비적인 인상을 일깨울 뿐이다. 우리는 어떤 대가를 치르고서라도 커다란 곤경으로부터 빠져나가려 했다는 의심을 받고 있다. 그렇다면 우리는 그런 가정이 새로운 것이 아니며 곤경이라는 말이 아직 입에 오르내리지 않았을 때 이미 그런 가정을 한 적이 있다고 반박할 수 있다. 그 당시 임상 관찰 결과는, 사디즘을 보완하는 마조히즘(Masochismus)의 부분욕동을 자신의 자아를 겨냥한 사디즘의 복귀로 이해할 수 있다는 견해를 우리에게 주지시켰다.[53] 그러나 대상에서 자아를 향한 욕동의 방향전환은 여기에서 새롭게 문제되는, 자아에서 대상을 향한 방향전환과 원칙적으로 다르지 않다. 그렇다면 마조히즘,

---

53) 《성 이론에 대한 세 논문》(19204) 및 〈욕동과 욕동의 운명〉 참조.

즉 자신의 자아를 겨냥한 욕동의 방향전환은 실제로 자신 자아의 이전 단계로의 귀환, 즉 퇴행일 것이다. 그 당시 마조히즘에 대한 설명은 지나치게 배타적인 것으로서 한 가지 점에서 수정이 필요할 것이다. 거기에서 나는 마조히즘이 일차적인 마조히즘일 수도 있다는 것에 대해 이의를 제기하려 했다.[54]

이제 생명을 유지하는 성욕동으로 다시 돌아가 보자. 이미 원생생물에 대한 연구를 통해서 우리는 세포분열을 수반하지 않는 두 개체의 결합, 즉 교미가 곧 다시 분리되는 두 개체를 강화시키고 젊게 해주는 것을 알고 있다. (앞에서 인용한 립쉬츠의 《왜 우리는 죽는가》를 참조하라). 그것들은 후속 세대들에서 퇴화 현상을 보이지 않으며 자신들의 신진대사가 끼치는 해로운 영향에 더 오래 저항할 수 있는 듯 보인다. 나는 이러한 관찰 내용을 성적 결합의 효과에 대한 본보기로 받아들일 수

---

54) 자비나 슈필라인(Sabina Spielrein)은 내용과 사상은 풍부하지만 유감스럽게도 나로서는 명확하게 이해하기 어려운 연구에서 이런 추론의 상당 부분을 선취했다. 그녀는 성욕동의 사디즘적 요소를 '파괴적'이라고 일컫는다(〈생성의 원인으로서 파괴(Die Destruktion als Ursache des Werdens)〉, 정신분석학 연감, 4권, 1912). 또 다른 방식으로 슈테르케(A. Stärcke)는 리비도 개념 자체를 이론적으로 가정할 수 있는, 죽음의 충동이라는 생물학적 개념과 동일시하려고 했다(랑크(Rank)의 《예술가(Der Künstler)》도 참조하라). 이런 모든 노력들은 이 글처럼 아직 명백하게 밝혀지지 않은 욕동 이론을 해명하고자 하는 열망을 보여준다.

있다고 생각한다. 그런데 거의 다르지 않은 두 세포의 결합이 어떤 식으로 그렇듯 삶을 쇄신할 수 있는 것일까? 원생동물의 교미를 화학적인, 심지어는 기계적인 자극의 작용을 통해 대체하는 실험이 확실한 답변을 제공할 수 있다(립쉬츠의《왜 우리는 죽는가》참조). 그것은 새로운 자극의 양(量)을 주입함으로써 가능하다. 이것은 개체의 생명 과정이 내적인 이유에서 화학적 긴장의 해소, 즉 죽음에 이르는 반면에, 개개의 다른 살아 있는 물질과의 결합은 이 긴장을 확대시켜서 이른바 새로운 **생명력의 차이**를 불러온다는 가설과 잘 맞아떨어진다. 그러면 이 새로운 생명력의 차이는 끝까지 소임을 다하고 소멸해야 한다. 물론 이런 차이가 발생하기 위한 최적의 조건이 하나 이상 존재하는 것이 분명하다. 쾌락원리에서 표현되는 바와 같이 내적인 자극긴장을 완화시키고 일정한 상태로 유지하고 해소하기 위한 노력을 정신생활, 아마 신경생활 절반의 지배적인 경향으로 인식한다면(바버라 로우[55]의 표현에 따르면 니르바나 원리 Nirwanaprinzip이다), 이것은 죽음욕동의 존재를 믿어야 하는 가장 강력한 동기들 중의 하나이다.

---

55) 바버라 로우 Barbara Low(1877-1955): 영국의 여류 정신분석학자. (—옮긴이)

그러나 우리로 하여금 처음으로 죽음욕동을 발견하게 해준 반복강박의 특성을 다름 아닌 성욕동을 위해서는 증명할 수 없다는 점이 여전히 우리의 사고 과정의 민감한 방해로 느껴진다. 태아 발달과정의 영역은 이런 반복현상으로 넘치며, 성적 생식을 위한 두 생식세포와 그 삶의 역사 자체는 오로지 유기적인 생명의 시초를 반복하는 것에 지나지 않는다. 그러나 성욕동이 의도하는 과정에서 본질적인 것은 두 세포체의 결합이다. 고등생물의 경우에 살아 있는 물질의 불멸은 비로소 이 결합에 의해 보장된다.

다른 말로 표현해서, 우리는 성적 생식의 발생과 성욕동 전반의 기원에 대한 정보를 알아내야 한다. 이것은 전문연구가들도 아직까지 해결하지 못한 과제로, 문외한들은 그 앞에서 움찔 놀라 뒤로 물러난다. 그러므로 모든 상반되는 주장과 견해 중에서 우리들의 사고과정과 관련된 것을 아주 간략하게 요약해 보자.

생식을 성장의 부분적인 현상으로 묘사하면서 (분열, 발아, 싹틈을 통한 증식), 생식의 문제에서 비밀스러운 매력을 제거하는 견해가 있다. 다윈식의 냉철한 사고방식을 좇아서, 언젠가 두 원생생물의 우연한 교미에서 생겨난 양성혼합의 장점이 이어지는 발달 과정에서 고착되고 계속 이용되면서, 성적으로 분화된 생식세포들에 의해 생식이 발생했다고 생각할 수 있을 것이다.[56] 그렇다면 '성(性, Das Geschlecht)'은 아주 오래 되지 않았을 것이다. 그리고 성적 결합을 유발하고자 하는 특히 격렬한 욕동들은, 언젠가 우연히 생겨나서 이롭다고 확정된 것을 반복했을 것이다.

원생생물들에게서 그것들이 보여주는 것만을 인정해야 하는가, 그리고 비로소 고등생물에게서 드러나는 힘과 과정들이 처음으로 고등생물에게서 생겼다고 가정할 수 있는가, 죽음의 경우에서처럼 여기에서도 이런 물음들이 다시 떠오른다. 위에서 언급한 성(性)에 대한 견해는 우리의 의도에 거의 도움이 되지 않는다. 이미 그 견해는 가장 단순한 생물체 안에서 작용하는 생명욕동의 존재를 전제한다고 반론을 제기할 수 있을 것이다. 만일 그렇지 않다면 생명의 흐름에 역행하며 죽음의 임무를 어렵게 만드는 교미가 유지되고 발전되기보다는 기피되었을 것이기 때문이다. 그러므로 죽음욕동에 대한 가정을 포기하

---

56) 그러나 바이스만은 이런 장점도 부인한다(《생식질》 1892). "수정(受精)은 결코 생명이 젊어지거나 새로워지는 것을 의미하지 않는다. 수정은 생명의 지속을 위해서 반드시 필요하지 않을 것이다. 수정은 서로 다른 두 가지 유전적 성향의 혼합을 가능하게 하기 위한 구성에 지나지 않는다." 그러나 바이스만은 생명체의 변이성(變異性) 증대를 이러한 혼합의 결과라고 본다.

지 않으려면, 죽음욕동에 처음부터 생명욕동을 가세시켜야 한다. 그러나 우리는 여기에서 미지수 두 개가 있는 방정식을 풀고 있다고 인정하지 않을 수 없다. 그 밖에 학문도 성생활의 발생에 대해서는 별로 알려주는 것이 없어서, 이 문제를 가설의 빛조차 뚫고 들어오지 못하는 어둠에 비교할 수 있다. 그러나 우리는 전혀 다른 자리에서 아주 환상적인—확실히 학문적인 설명보다는 신화에 가깝다.—가설과 마주치게 된다. 너무 환상적이어서, 우리가 충족시키려고 애쓰는 한 가지 조건을 충족시키지 않는다면, 여기에서 나는 그 가설을 인용하는 모험을 감행하지 않을 것이다. 즉, 그 가설이 욕동을 이전 상태의 복구에 대한 욕구로부터 추론하기 때문이다.

물론 나는 플라톤이 《향연(Symposion)》에서 아리스토파네스를 통해 전개한 이론을 말한다. 그 이론은 성욕동의 기원뿐만 아니라 대상과 관련한 성욕동의 가장 중요한 변이에 대해서도 다룬다.[57]

"말하자면 우리의 몸은 처음에는 지금처럼 형성되어 있지 않았네. 우리의 몸은 완전히 달랐지. 첫째, 세 종류의 성별이 존

---

57) 빌라모비츠 묄렌도르프(U. v. Wilamowitz-Moellendorff)의 번역본 참조 (《Platon》 1권, 366쪽 이하).

재해서, 지금처럼 남성과 여성뿐만 아니라 남성과 여성을 결합하는 제3의 성이 있었네…… 남녀추니……" 그런데 이 남녀추니의 모든 것은 두 배로 많았다. 그들은 네 개의 손, 네 개의 발, 두 개의 얼굴, 두 개의 음부 등을 가지고 있었다. 그래서 제우스는 각기 인간을 두 부분으로 나누기로 마음을 정했다. "마치 통조림을 만들기 위해 마르멜로를 자르듯이…… 하나의 본성이 둘로 갈라졌기 때문에, 두 반쪽들은 그리움에 쫓겨 서로를 찾았네. 둘은 손으로 서로를 휘감았으며, 하나로 합쳐지고 싶은 갈망에서 서로 뒤엉켰지……[58]

---

58) 플라톤 신화의 기원에 관한 다음의 암시는 빈의 하인리히 곰페르츠(Heinrich Gomperz) 교수에게서 비롯된다. 나는 곰페르츠의 글을 일부 여기에 그대로 옮긴다. 아울러 이와 동일한 이론이 이미 실제로 《우파니샤드》에도 있다는 사실을 밝혀둔다. 아트만(Ätman, 자기 또는 자아)으로부터 세계의 출현을 묘사하는 《브리하드 아라니야카 우파니샤드(Brihad-Äranyaka-Upanishad)》I, 4, 3(도이센(Deussen), 《베다의 60 우파니샤드(60 Upanishads des Veda)》 393쪽)에서 이렇게 말하기 때문이다. "…그러나 그(아트만, 자기 또는 자아)는 아무 기쁨도 느끼지 못했다. 그 때문에 혼자 있는 이는 아무 기쁨도 느끼지 못한다. 그러자 그는 두 번째 사람을 동경했다. 곧 그는 남자와 여자가 얼싸안고 있을 때처럼 커졌다. 그는 자신의 이 자기(自己)를 둘로 나누었다. 여기에서 남편과 아내가 생겼다. 그래서 이 몸은 자기에게 반쪽과 같다고 야지나발키아(Yäjnavalkya)는 설명했다. 그래서 여기 이 빈 공간이 여자에 의해 메워진다."

《브리하드 아라니야카 우파니샤드》는 모든 《우파니샤드》 경전들 중에서 가장 오래 되었으며, 안목 높은 연구자들은 모두 그 출현 시기를 기원전 800년 경 이후로 보지 않는다. 플라톤의 사상이 비록 간접적일지라도 우리는 이 시인철학자의 암시를 좇아서, 살아 있는 물질이 생명을 얻는 과정에서 작은 조각들로 분열되었으며 그 이후로 그 조각들이 성욕동을 통해 재결합하려 노력한다고 과감하게 가정해야 하지 않을까? 생명 없는 재료의 화학적 친화성이 계속 유지되는 그 욕동들은 원생생물들의 영역을 거치면서, 생명을 위협하는 자극들로 가득 찬 주위 환경이 그 노력에 가하는 난관들을 서서히 극복하는 것일까? 그것들로 하여금 보호해주는 외피층을 형성하지 않을 수 없게 만드는 난관들을? 그리고 살아 있는 물질에서 갈라진 조각들은 다세포 상태에 이르러, 재결합하고자 하는 욕동을 마침내 생식세포들에게 고도

인도 사상에 의존하지 않았을까 하는 물음에 대해, 나는 현재의 주도적인 견해와는 반대로 무조건 부정하고 싶지는 않다. 영혼윤회설(Seelenwanderungslehre)의 경우에도 그런 가능성을 부인할 수 없기 때문이다. 그런 의존 관계는 피타고라스학파 철학자들에 의해 처음으로 알려졌는데, 설사 사상적으로 일치한다고 하더라도 그 중요성이 줄어들지는 않을 것이다. 플라톤이 동양에서 전승되어 어떤 식으로든가 그에게 전해진 그런 이야기에 진리가 담겨 있다고 깨닫지 않았더라면, 그 이야기를 자신의 것으로 만들지 않았을 것이기 때문이다. 그러니 그 이야기에 중요한 의미를 부여하지 않았을 것은 더더욱 말할 것도 없다.

치글러(K. Ziegler)는 《인간의 생성과 세계의 생성(Menschen- und Weltenwerden)》(《고전 고대의 새로운 연감》 31권, 529쪽 이하, 1913)에서 플라톤 이전의 이러한 사상을 체계적으로 파고들면서 바빌로니아의 표상들로까지 거슬러 올라간다.

로 농축시켜 전달하는가? 나는 이쯤해서 추론을 중단해야 하지 않을까 생각한다.

그러나 여기에서 나는 비판적으로 깊이 생각한 내용에 대해 몇 마디 덧붙이지 않을 수 없다. 이 책에서 전개한 가설들에 대해 나 스스로 과연 확신하고 있는지, 그리고 어느 정도나 확신하는지 묻고 싶은 사람이 있을 것이다. 여기에 대한 내 답변은, 나 스스로 확신하고 있지 않으며 또 내 말을 믿어달라고 다른 사람들도 설득하지 않으리라는 것이다. 더 정확히 말하면, 나 자신이 그 가설들을 어느 정도나 믿고 있는지 모른다는 것이다. 나는 여기에서 확신의 감정적인 측면은 전혀 고려할 필요가 없다고 생각한다. 그러나 오로지 학문적인 호기심의 발로에서든 또는 원한다면 악마의 변호인으로서든—그렇다고 악마에게 자신을 맡길 필요는 없다—하나의 사고 과정에 몰두해 끝까지 뒤쫓을 수 있다. 나는 여기서 기획하는 욕동이론의 세 번째 단계가 앞선 두 단계, 즉 성 개념의 확대와 나르시시즘에 대한 견해만큼 확실하다고 주장할 수 없는 사실을 부인하지 않는다. 이런 혁신적인 주장들은 관찰결과를 직접 이론으로 옮긴 것이었으며, 이런 경우에 흔히 피할 수 없는 정도 이상의 오류는 범하지 않았다. 물론 욕동의 **퇴행적** 특성에 대한 주장 역시 직접 관찰한 자료, 즉 반복강박의 사실에 토대를 두고 있다. 그러나 내가 아마 그 의미를 과대평가했을 수도 있다. 이러한 사상을 관철시키기 위해서는, 어쨌든 실제 사실을 단순히 생각해낸 것과 여러 차례 연이어 결합시켜서 그 관찰 내용으로부터 멀리 멀어지는 수밖에 다른 도리가 없다. 우리는 이론을 구축하는 과정에서 자주 이렇게 할수록 그 최종 결과를 더 믿을 수 없게 된다는 것을 잘 알고 있다. 그러나 그 불확실의 정도를 진술할 수는 없다. 그러다 보면 우리는 운 좋게 알아맞힐 수도 있고 아니면 수치스럽게 오류를 범할 수도 있다. 이런 작업에서 나는 이른바 직관이라고 하는 것을 거의 믿지 않는다. 내가 본 직관은 오히려 지성의 모종의 공정성이 낳은 성과인 듯 보였다. 다만 궁극적인 일들, 즉 학문과 삶의 중대한 문제들에 관련해서는 유감스럽게도 공정한 경우가 드물다. 나는 누구나 각자 마음속 깊은 곳에 뿌리를 둔, 각자 좋아하는 것에 지배당한다고 믿는다. 누구나 자신도 모르는 사이에 그가 좋아하는 것에 유리하게 추론을 전개한다. 이렇듯 불신을 품을 만한 이유가 충분한 이상, 우리 스스로 열심히 사유한 결과에 대해 냉정한 호의를 베푸는 것 말고는 다른 도리가 없다. 나는 이런 자기비판 때문에 우리와 다른 의견에 대해 특별히 관용을 베풀 의무는 전혀 없다고 서둘러 덧붙인다. 관찰한 내용을 분석하는 첫 단계에서 이미 반대되는 이론들을 가차 없이 물리칠 수 있으며, 그와 동시에 우리가 주장하는 이론의 정당성이 다만 일시적이라는 것을 알 수 있다. 우리는 생명욕동과 죽음욕동에 관한 우리의 추론에 대해 판단하면서, 한 욕동이 다른 욕동들에 의해 어떻게 밀려나는가 또는 한 욕동이 어떻게 자아에게서 대상으로 방향을 전환하는가 하는 등등의 많은 불명료하고 낯선 과정들이 나타나도 별로 당황하지 않을 것이다. 이것은 다만 우리가 학문적인 용어, 즉 심리학(정확히 말하면 심층심리학) 고유의 비유적인 언어를 가지고 작업할 수밖에 없는 사실에서 비롯된다. 만일 그렇지 않으면 우리는 상응하는 사건들에 대해 전혀 기술할 수 없을 것이며, 심지어는 그 사건들을 전적으로 인지하지도 못했을 것이다. 만일 심리학적인 용어 대신에 생리학적이거나 화학적인 용어를 투입할 수 있다면, 우리 서술의 결점은 사라질 것이다. 생리학적이거나 화학적인 용어들도 비유적인 언어에 속하긴 하지만, 그것들은 이미 오래 전부터 우리에게 친숙하고 또 아마 더 단순한 비유적 언어에 속할 것이다.

다른 한편으로는 우리가 어쩔 수 없이 생물학에서 많은 것을 차용해야 하는 탓에 우리 추론의 불확실성이 크게 증대한 것을 분명하게 밝히려 한다. 생물학은 진실로 무한한 가능성의 왕국이다. 우리는 생물학에 예상하지 못한 놀라운 설명을 기대할 수 있으며, 우리가 제기한 물음들에 대해 생물학이 수십 년 후 어떤 답변을 할 것인지 예측할 수 없다. 아마 우리가 세운 가설의 인위적인 구조를 송두리째 세차게 날려버릴 답변을 할지도 모른다. 만약 그렇다면, 무엇 때문에 이 장(章)에 기록한 것과 같은 작업을 기획하고 또 왜 그런 작업에 대해 알려주느냐고 묻는 사람들이 있을 것이다. 그런데, 나는 이 작업의 몇 가지 유추와 결합, 관계들에 주목할 만한 가치가 있다고 여겨지는 사실을 부인할 수 없다.[59]

---

59) 여기에 덧붙여서 나는 우리의 용어 사용에 대해 몇 마디 밝히고자 한다. 우리의 용어 사용은 이 글을 집필하는 과정에서 일종의 발달과정을 거쳤다. 우리는 성(性) 및 생식기능에 대한 관계를 근거로 '성욕동'이 무엇인지 알고 있었다. 그런 다음 정신분석의 성과를 토대로 성욕동과 생식의 관계를 완화시켜야 했을 때도 성욕동이라는 명칭을 고수했다. 나르시시즘적 리비도 이론을 세우고 리비도 개념을 각기 세포에까지 확대함으로써, 성욕동은 살아 있는 물질의 부분들을 서로 밀집시키고 결속시키려고 하는 에로스로 바뀌었다. 일반적으로 에로스라고 불리는 성욕동은 이 에로스가 대상을 향하는 부분으로 나타났다. 이어서 우리는 이 에로스가 생명의 시초부터 작용해서 '죽음욕동에 대립하는 '생명욕동'으로 나타난다고 추론했다. 죽음욕동은 무기적인 것이 생명을 얻음으로써 생겨났다. 우리의 추론은 태초부터 서로 투쟁하는 이 두 욕동에 대한 가설을 통해 생명의 수수께끼를 풀려고 한다. '자아욕동'의 개념이 겪은 변화를 통찰하기는 아마 더 어려울 것이다. 우리는 대상을 향하는 성욕동에서 분리될 수 있는 욕동적 성향, 자세히 알려지지 않은 그 모든 욕동적 성향을 원래 자아욕동이라고 불렀으며, 자아욕동을 리비도의 표현인 성욕동에 대립시켰다. 그 후 우리는 자아 분석에 접근했고, '자아욕동'의 일부도 리비도적인 본성을 지니

VII

이전 상태를 복구하려고 하는 것이 실제로 욕동의 보편적 특성이라면, 정신생활의 아주 많은 과정들이 쾌락원리와 무관하게 일어나는 사실에 놀랄 필요가 없다. 그 특성은 각기 부분욕동에 전달되며, 부분욕동의 경우에 발달과정의 특정한 단계로 되

며 자신의 자아를 대상으로 삼는 것을 인식했다. 그러므로 이 나르시시즘적인 자기보존욕동을 리비도적인 성욕동에 귀속시켜야 했다. 자아욕동과 성욕동 사이의 대립은 둘 다 리비도적인 본성을 지닌 자아욕동과 대상욕동 사이의 대립으로 바뀌었다. 그 대신 리비도적 욕동(자아욕동과 대상욕동)과 자아 속에 자리 잡고 있으며 아마 파괴욕동으로 나타날 다른 욕동들 사이의 새로운 대립이 나타났다. 우리의 추론은 이 대립을 생명욕동(에로스)과 죽음욕동의 대립으로 변화시켰다.

돌아가는 것과 관련 있을 것이다. 그러나 쾌락원리가 아직 장악하지 못한 이 모든 것이 그렇다고 쾌락원리에 대립될 필요는 없었다. 욕동적인 반복과정과 쾌락원리의 지배 사이의 관계를 규정하는 과제는 아직 해결되지 않고 있다.

정신기관에 이르는 욕동충동들을 '묶고' 그 욕동충동들을 지배하는 1차 과정을 2차 과정으로 대체하고 욕동충동의 자유롭게 움직이는 집중에너지를 주로 정지된(강화시키는) 에너지 집중으로 변화시키는 것을 우리는 정신기관의 가장 이르고 가장 중요한 기능들 중 하나로 인식했다. 이처럼 변환되는 동안에는 불쾌의 발달에 주의를 기울일 수 없지만, 그렇다고 쾌락원리가 중단되는 것은 아니다. 이러한 변환은 오히려 쾌락원리를 위해서 일어난다. 욕동충동들을 묶는 것은 쾌락원리의 지배를 유도하고 보장하기 위한 준비 활동이다.

우리가 지금까지 했던 것보다 더 분명하게 기능과 경향을 분리해보자. 쾌락원리는 정신기관이 흥분하지 않게 만들거나 또는 정신기관 안에서 흥분의 양을 일정 수준 또는 가능한 한 낮은 수준으로 유지하는 기능에 기여하는 경향이다. 우리는 이런 생각을 어떻게 표현해야 할지 아직 확실하게 결정내릴 수 없다. 그러나 그런 특정한 기능이 무기적인 세계의 평온으로 되돌아가려는 모든 생물체의 극히 보편적인 노력과 관련 있다는 것은 알고 있다. 우리는 모두 도달 가능한 최대의 쾌락, 즉 성행위의 쾌락이 고도로 증대된 흥분의 순간적인 소멸과 결부되어 있는 것을 경험했다. 그러나 욕동충동을 묶는 것은 방출의 쾌락을 통해 흥분을 궁극적으로 해결하기 위한 준비 기능일 것이다.

이와 같은 맥락에서, 쾌감과 불쾌감이 묶인 흥분 과정과 묶이지 않은 흥분 과정에 의해 동일한 방식으로 생성되지 않을까 하는 문제가 제기된다. 여기에서 묶이지 않은 과정, 1차 과정이 묶인 과정, 2차 과정보다 양 방향으로 훨씬 더 격렬한 느낌을 만들어내는 것에는 전혀 의심의 여지가 없는 듯 보인다. 또한 1차 과정은 시간적으로도 앞선 과정이며, 정신생활의 초기에는 다른 과정들이 존재하지 않는다. 쾌락원리가 이미 1차 과정에서 작용하지 않는다면 나중의 2차 과정에서 전혀 생성될 수 없다고 추론할 수 있을 것이다. 그래서 우리는 쾌락의 추구가 정신생활의 초기에 나중보다 훨씬 더 강렬하게 표출되지만 그렇다고 무제한적으로 표출되는 것은 아니라는 결과, 근본적으로 간단하지 않은 결과에 이른다. 쾌락의 추구는 빈번히 방해를 감수해야 한다. 점차 성숙해지면서, 쾌락원리의 지배는 훨씬 더 많이 보장되지만, 쾌락원리 자체는 다른 욕동들과 마찬가지로 길들이는 과정을 거의 피하지 못한다. 어쨌든 흥분 과정에서 쾌락과 불쾌의 감정들을 유발하는 것은 1차 과정처럼 2차 과정에도 존재하는 것이 분명하다.

여기에 이어서 후속연구가 진행되어야 할 것이다. 우리의 의식은 쾌감과 불쾌감뿐만 아니라 그 자체로 유쾌하거나 불쾌할 수 있는 고유의 긴장감들도 내부로부터 우리에게 전달한다. 우리는 이러한 감정들을 토대로 묶인 에너지 과정과 묶이지 않은 에너지 과정을 구분해야 하는가? 또는 일련의 쾌락-불쾌가 시간 단위 안에서 에너지 집중 양의 변화를 암시하는 반면에, 긴장감은 에너지 집중의 절대적인 크기, 경우에 따라서는 집중의 정도와 연관 지어야 하는가? 생명욕동들이 우리의 내적 지각과 훨씬 더 많이 관련 있는 것도 분명 우리의 주목을 끈다. 생명욕동들은 훼방꾼으로 등장해서 끊임없이 긴장을 야기하기 때문이다. 죽음욕동들은 눈에 띄지 않게 제 할 일을 하는 듯 보이는 반면에, 그 긴장의 해소는 쾌락으로 느껴진다. 쾌락원리는 다름 아닌 죽음욕동을 위해 일하는 듯 보인다. 물론 쾌락원리는 생명욕동과 죽음욕동에 의해 위험으로 평가되는 외부의 자극도 감시하지만, 삶의 과제를 어렵게 만드는 내부 자극의 증대는 아주 특별히 감시한다. 현재로서는 답변할 수 없는 무수히 많은 다른 물음들이 여기에 연결된다. 우리는 인내심을 가지고서 연구를 계속할 수 있는 또 다른 방법과 계기를 기다려야 한다. 또한 한동안 추적한 길이 좋은 결과에 이르지 않는 듯 보이면 다시 그 길을 버릴 각오를 해야 한다. 포기한 교리문답을 학문이 대신해 줄 것을 요구하는 신도들만이 연구자가 자신의 견해를 발전시키거나 개조했다고 비난할 것이다. 더욱이 시인은 우리의 학문적 인식이 더디게 발전하는 것에 대해 (하리리의 마카마에서 뤼케르트[60]) 우리를 위로할 것이다.

"날아서 이를 수 없는 것에는 절뚝거리면서 이르러야 한다.
....
그 글은 절뚝거리는 것이 죄가 아니라고 말한다."[61]

---

60) '마카마'는 아라비아 산문시의 한 유형으로서 각운을 사용하는 특징을 보인다. 알 하리리 Al-Hariri(1054-1122)는 마카마의 대표적인 시인 중의 하나로서, 그의 작품은 독일의 시인 프리드리히 뤼케르트 Friedrich Rückert(1788-1866)의 번역에 의해 독일어권에 알려졌다(―옮긴이 주.)

61) 뤼케르트가 번역한 알 하리리의 시 〈2굴덴〉의 마지막 구절(―옮긴이 주.)

《쾌락원리 너머》: 날아서 이를 수 없는 것에는 절뚝거리면서라도 이르고자 한 프로이트

정신분석의 창시자라 불리는 지그문트 프로이트(Sigmund Freud, 1856~1939)는 20세기에 지대한 영향을 미친 사상가들 가운데 하나로 손꼽힌다. 그는 정신과학의 분야에서 '무의식의 발견'이라는 코페르니쿠스적 혁명을 일으켰으며, 인간의 정신을 연구하는 새로운 방법을 개척했다. 그 덕분에 수많은 정신분석가, 심리치료사, 사회학자, 문화인류학자, 예술가들이 이성적인 사고의 외관 아래 놓인 어두운 토대, 인간의 행동 배후의 무의식적 동기와 감정의 세계를 탐구할 수 있었으며, 그 결과 인간과 사회의 저변을 보다 심층적으로 정확하게 이해할 수 있게 되었다. 프로이트의 정신분석이 심리학과 의학을 넘어서서 역사학, 사회학, 인류학, 문학 등 많은 학문과 예술 분야에 두루 미친 영향은 일일이 헤아릴 수 없을 정도이다. 그 뿐만 아니라 프로이트만큼 우리의 일상을 함께 하는 사상가를 찾아보기는 어렵다. 무의식이나 꿈의 세계, 오이디푸스 콤플렉스나 엘렉트라 콤플렉스, 감정의 억압과 충동 등은 우리의 일상적인 삶의 요소로 자리 잡은 지 이미 오래다. 프로이트가 세계와 인간에 대한 우리의 이해를 완전히 바꾸어놓은 혁신적인 이론가라는 사실에는 이견이 있을 수 없다.

지그문트 프로이트는 당시 오스트리아 헝가리 제국의 일부였으며 현재 체코에 속하는 모라비아 지방 프라이베르크라는 소도시의 유대계 가정에서 1856년 출생했다. 그는 유년 시절에 가족을 따라 오스트리아의 빈으로 이주했으며, 김나지움 시절 전 과목에서 빼어난 성적을 거두고 1873년 빈 대학교 의학부에 입학한 후 평생을 의학 연구에 헌신했다. 1938년 나치스의 박해를 피해 런던으로 망명한 다음, 16번의 구강암 수술을 겪으면서도 83세로 세상을 떠나기까지 한시도 연구의 열정을 늦춘 적이 없었다.

프로이트는 원래 생물학에 관심이 많았으며 6년 동안 빈의 생리학 연구소에서 뱀장어와 칠성장어의 해부학 연구에 몰두했다. 그러나 결혼을 앞두고 안정된 수입이 필요해지자 1881년 의학 학위를 받아 의사가 된다. 그때까지도 신경 병리학에 대한 그의 관심은 단편적인 수준에 그쳤다. 그러다 1885년 장학금을 받아 파리로 유학을 가게 되면서 프로이트의 인생은 중대한 전기를 맞이한다. 프로이트는 파리의 살페트리에르 병원에서 당시 가장 뛰어난 신경 병리학자였던 장 마르탱 샤르코 밑에서 5개월 동안 수학한다. 당시 샤르코는 최면암시법을 이용해 히스테리의 증상을 유발하거나 제거할 수 있다는 이론을 펼쳤다. 프로이트는 나중에 최면술 치료에 반대하기는 했지만, 그때 샤르코의 강의와 임상 실습에 깊은 흥미를 느꼈으며 처음으로 히스테리 연구에 눈을 떴다. 정신병리학자로 전환해서 훗날 정신분석을 창시할 수 있는 발판을 마련한 것이다. 그 후 프로이트는 정신과 의사였던 요제프 브로이어와 함께 병인학과 히스테리 치료법 분야에서 상당한 성과를 거두었고, 그들의 공동연구는 1895년 치밀한 사례 연구와 과학적 근거를 중심으로 〈히스테리 연구〉를 통해 소개되었다. 정신분석의 창시, 무의식의 발견이라는 커다란 학문적 사건이 첫 발을 내딛은 것이다. 여기에서 시작된 프로이트의 인간 정신과 무의식에 대한 탐구는 40년 이상 지칠 줄 모르고 줄기차게 계속되었다.

1920년 발표된 《쾌락원리 너머 Jenseits des Lustprinzips》에서 프로이트는 쾌락원리보다 더 근원적이고 쾌락원리와 무관한 경향들이 쾌락원리 너머에서 작용한다고 가정한다. 프로이트에 의하면, 우리의 정신과정은 자신 안에 존재하는 흥분의 양을 가능한 한 낮게 아니면 적어도 일정하게 유지하려고 하는 쾌락원리에 의해 자동적으로 조정된다. 즉, 우리의 정신과정의 흐름은 번번이 불쾌한 긴장을 완화시키는 방향으로, 즉 불쾌를 피하거나 쾌락을 유발하는 방향으로 접어든다는 것이다. 그러나 다른 한편으로는 외부의 방해하는 힘의 영향을 받아서 포기할 수밖에 없었던 과거의 상태를 다시 살려내고 싶은 욕동이 살아 있는 유기체 안에 내재한다. 모든 생명체들이 내부적인 원인으로 죽어서 무기체 상태로 돌아가는 것을 예외 없는 경험으로 받아들일 수 있다면, 모든 생명의 목표는 죽음이기 때문이다. 따라서 프로이트는 생물이 무생물 상태, 최초의 생명이 없는 상태, 생명이 생기기 이전의 상태로 돌아가려는 욕동, 죽음욕동이 쾌락원리 너머에서 지배한다고 가정한다.

그러나 《쾌락원리 너머 Jenseits des Lustprinzips》에서 프로이트는 현재로서는 답변할 수 없는 무수히 많은 다른 물음들이 여기에 연결된다고 말한다. 그리고 《자아와 에스》를 비롯해 그에 이은 많은 연구들에서 그런 물음들에 답변할 수 있는 방법과 길을 찾기 위해 노력한다. 이처럼 길이 없는 듯 보이는 곳에서도 열정과 인내심을 가지고 길을 개척하는 데에 바로 프로이트의 위대함이 있으며, 이런 불굴의 정신과 학문적 의지가 정신분석의 창시라는 인류의 위대한 업적을 낳은 것이다. 프로이트의 일생은 날아서 이를 수 없는 것에는 절뚝거리면서라도 기어이 이르고자 한 학문적 정신의 표본이었다.

김인순

쾌락원리 너머

초판 1쇄 인쇄 2013년 5월 22일
초판 1쇄 발행 2013년 5월 28일

지은이 지그문트 프로이트
옮긴이 김인순
발행인 신현부
발행처 부북스

주소 100-835 서울시 중구 신당2동 432-1628
전화 02-2235-6041
팩스 02-2253-6042
이메일 boobooks@naver.com

ISBN 978-89-93785-50-0 04080
ISBN 978-89-93785-07-4 (세트)

이 도서의 국립중앙도서관 출판시도서목록(CIP)은 서지정보유통지원시스템 홈페이지(http://seoji.nl.go.kr)와 국가자료공동목록시스템(http://www.nl.go.kr/kolisnet)에서 이용하실 수 있습니다.(CIP제어번호: CIP2013006255)